New York State Physics Regents Exams in
Spanish

Translated by
Andres Sanchez

Edited by
John E. Parnell

ISBN 978-1625121516

PREFACE

Since the New York State Board of Regents does not provide the Regents Examinations in Physics in Spanish, Tutor Turtle Press, LLC has commissioned a native Spanish speaker to translate the most recent exams into Spanish.

The hope is that by providing these translations to students whose native language is not English, they will meet greater success on the exams.

The exams included in this volume include both the January and June exams, from January 2008 through June 2015. Also included in this volume are the Physics Reference Tables.

REMEMBER: The actual exams are given in English, **NOT** Spanish. Our translated exams are meant to be used only for practice.

Desde la Junta de Regentes del Estado de Nueva York no pro-cionar los exámenes Regentes en Física en español, Tutor Tortuga Press, LLC ha commissioned un hablante nativo de español para traducir los más recientes exámenes al español.

La esperanza es que al proporcionar estas traducciones a los estudiantes cuyo idioma materno no es el Inglés, que se reunirá un mayor éxito en los exámenes.

Los exámenes incluidos en este volumen se incluyen tanto los exámenes de enero y junio, a partir de enero de 2008 hasta junio de 2015. También se incluyen en este volumen son las Tablas de Referencia Física.

RECUERDE: Los exámenes reales se dan en Inglés, **NO** española. Nuestros exámenes traducidos tienen el propósito de ser utilizado sólo para la práctica.

TABLE OF CONTENTS

La Universidad del Estado de Nueva York

EVALUACIÓN DE SECUNDARIA NIVEL REGENTS

ENTORNOS FÍSICOS
FÍSICA

Jueves, 24 de Enero, 2008 — solo de 1:15 a 4:15 p.m.

La hoja de respuestas para la Parte A y la Parte B-1 es la última página de este folleto evaluativo. Diríjase a la última página y dóblela siguiendo las perforaciones. Luego, lenta y cuidadosamente, rompa la hoja de respuestas y llene el encabezado.

Las respuestas a las preguntas en la Parte B-2 y la Parte C serán escritas en su folleto separado de respuestas. Asegúrese de llenar el encabezado en el frente de su folleto de respuestas.

Usted responderá *todas* las preguntas en todas las partes de esta evaluación de acuerdo a las direcciones previstas en el folleto evaluativo. Registre sus respuestas a las preguntas de opción múltiple de la Parte A y la Parte B-1 en su hoja separada de respuestas. Escriba sus respuestas a las preguntas en la Parte B-2 y la Parte C en su folleto de respuestas. Todo el trabajo deberá ser escrito en bolígrafo, excepto por las gráficas y los dibujos, los cuales deberán ser hechos en lápiz. Usted podrá usar trozos de papel para resolver algunas preguntas, pero asegúrese de registrar todas sus respuestas en la hoja de respuestas y el folleto de respuestas.

Una vez que haya completado la evaluación, usted debe firmar la declaración impresa al final de su hoja separada de respuestas, indicando que usted no tuvo conocimiento ilegal de las preguntas o las respuestas previo a la evaluación y que usted no dio ni recibió ayuda respondiendo ninguna de las preguntas durante la evaluación. Su hoja de respuestas y su folleto de respuestas no podrán ser aceptados si usted no firma esta declaración.

Notése. . .

Una calculadora gráfica o científica, una regla de centímetros, un transportador, y una copia de la *Edición de 2006 de las Tablas de Referencia para Entornos Físicos/Física*, la cual podrá necesitar para responder algunas de las preguntas en esta evaluación, deberán estar disponibles para su uso mientras realiza esta evaluación

---

El uso de cualquier dispositivo de comunicación está estrictamente prohibido mientras realiza esta evaluación. Si usted usa algún dispositivo de comunicación, independientemente de lo corto de su uso, su evaluación será invalidada y no se le calculará puntuación.

NO ABRA ESTE FOLLETO EVALUATIVO HASTA QUE LA SEÑAL SEA DADA.

Direcciones (1–35): Para *cada* declaración o pregunta, escriba en la hoja separada de respuestas el *número* de la palabra o expresión que, de las dadas, mejor complete la declaración o responda la pregunta.

1 ¿Cuál de las siguientes es una cantidad de vector?

(1) rapidez   (3) masa
(2) trabajo   (4) desplazamiento

2 Una auto de carreras comenzando desde el reposo acelera uniformemente a un ritmo de 4.90 metros sobre segundo^2. ¿Cuál es la velocidad del auto una vez que haya viajado 200 metros?

(1) 1960 m/s   (3) 44.3 m/s
(2) 62.6 m/s   (4) 31.3 m/s

3 Una bola es lanzada hacia abajo con una rapidez de 0.50 metro sobre segundo desde una altura de 4.0 metros. ¿Cuál es la rapidez de la bola 0.70 segundo tras ser soltada? [Omita fricción.]

(1) 0.50 m/s   (3) 9.8 m/s
(2) 7.4 m/s   (4) 15 m/s

4 Un jugador de soccer patea un balón con una velocidad de 10 metros sobre segundo a un ángulo de 30° por encima de la horizontal. La magnitud de la componente horizontal de la velocidad inicial del balón es

(1) 5.0 m/s   (3) 9.8 m/s
(2) 8.7 m/s   (4) 10. m/s

5 ¿Cuál objeto tiene la mayor inercia?

(1) una masa de 5.00-kg moviéndose a 10.0 m/s
(2) una masa de 10.0-kg moviéndose a 1.00 m/s
(3) una masa de 15.0-kg moviéndose a 10.0 m/s
(4) una masa de 20.0-kg moviéndose a 1.00 m/s

6 Un estudiante de física de 60-kilogramos pesaría 1560 newtons en la superficie del planeta *X*. ¿Cuál es la magnitud de la aceleración debido a la gravedad en la superficie del planeta *X*?

(1) 0.038 m/s^2 (3) 9.8 m/s^2
(2) 6.1 m/s^2 (4) 26 m/s^2

7 Dos esferas, *A* y *B*, son simultáneamente proyectadas horizontalmente desde la cima de una torre. La esfera *A* tiene una rapidez horizontal de 40 metros sobre segundo y la esfera *B* tiene una rapidez horizontal de 20 metros sobre segundo. ¿Cuál declaración mejor describe el tiempo requerido para que las esferas alcancen el suelo y la distancia horizontal que viajan? [Omita fricción y asuma que el suelo está nivelado.]

(1) Ambas esferas dan con el suelo al mismo tiempo y a la misma distancia desde la base de la torre.
(2) Ambas esferas dan con el suelo al mismo tiempo, pero la esfera *A* aterriza dos veces más lejos que la esfera *B* desde la base de la torre.
(3) Ambas esferas dan con el suelo al mismo tiempo, pero la esfera *B* aterriza dos veces más lejos que la esfera *A* desde la base de la torre.
(4) La esfera *A* da con el suelo antes que la esfera *B*, y la esfera *A* aterriza dos veces más lejos que la esfera *B* desde la base de la torre.

8 En el siguiente diagrama, una fuerza de 20-newtons hacia el norte y una fuerza de 20-newtons hacia el este actúan concurrentemente sobre un objeto, como se muestra en el diagrama.

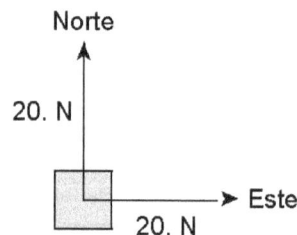

La fuerza adicional necesaria para traer al objeto a un estado de equilibrio es

(1) 20N, noreste   (3) 28N, noreste
(2) 20.N, sureste   (4) 28N, sureste

9 El desempeño de un auto es probado en varias carreteras horizontales. Los frenos son aplicados, lo que causa que las llantas de goma del auto se deslicen a lo largo de la carretera sin rodar. Las llantas encuentran la mayor fuerza de fricción para detener el auto en

(1) hormigón seco   (3) concreto húmedo
(2) asfalto seco   (4) asfalto húmedo

10 Un auto rodea una curva horizontal de radio constante a constante rapidez. ¿Cuál diagrama mejor representa las direcciones de tanto la velocidad del auto, *v*, como la aceleración, *a*?

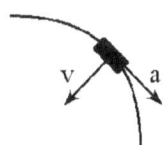

(1)

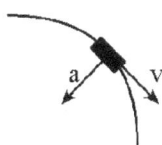

(3)

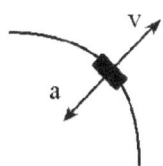

(2)

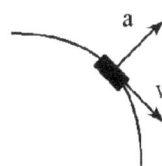

(4)

11 Un bloque de 6.0-kilogramos, deslizándose hacia el este a través de superficie horizontal, sin fricción con un momento de 30 kilogramos•metros sobre segundo, choca con un obstáculo. El obstáculo ejerce un impulso de 10 newton•segundos hacia el oeste sobre el bloque. La rapidez del bloque tras el choque es

(1) 1.7 m/s   (3) 5.0 m/s
(2) 3.3 m/s   (4) 20. m/s

12 Si una astronauta de 65-kilogramos ejerce una fuerza con una magnitud de 50 newtons en un satélite que está reparando, la magnitud de la fuerza que el satélite ejerce sobre ella es

(1) 0 N
(2) 50. N menos que su peso
(3) 50. N más que su peso
(4) 50. N

13 Una carreta de laboratorio de 1.0 kilogramo moviéndose con una velocidad de 0.50 metro sobre segundo hacia el este choca con y se adhiere a una similar carreta que está inicialmente en reposo. Tras la colisión, las dos carretas se mueven juntas con una velocidad de 0.25 metro sobre segundo hacia el este. El momento total de este sistema sin fricción

(1) cero antes del choque
(2) cero después del choque
(3) igual antes y después del choque
(4) mayor antes del choque que después

14 El estudiante *A* levanta una caja de 50-newtons desde el suelo hasta una altura de 0.40 metro en 2.0 segundos. El estudiante *B* levanta una caja de 40-newtons desde el suelo hasta una altura de 0.50 metro en 1.0 segundo. Comparado con el estudiante *A*, el estudiante *B* hace

(1) el mismo trabajo pero desarrolla más potencia
(2) el mismo trabajo pero desarrolla menos potencia
(3) más trabajo pero desarrolla menos potencia
(4) menos trabajo pero desarrolla más potencia

15 Mientras pasea en una aerosilla, un esquiador de 55-kilogramos es alzado a una distancia vertical de 370 metros. ¿Cuál es el cambio total en la energía gravacional potencial del esquiador?

(1) 5.4×10^{1} J   (3) 2.0×10^{4} J
(2) 5.4×10^{2} J   (4) 2.0×10^{5} J

16 El trabajo hecho sobre una resortera es 40.0 joules halar una piedra de 0.10 kilogramo. Si la resortera proyecta la piedra hacia arriba en el aire, ¿cuál es la altura máxima que alcanzará la piedra? [Omita fricción.]

(1) 0.41 m   (3) 410 m
(2) 41 m   (4) 4.1 m

17 Un cable de 0.686-metro de largo tiene un área transversal de 8.23×10^{-6} metro^2 y una resistencia de 0.125 ohm a 20° Centígrados. Este cable podría estar hecho de

(1) aluminio   (3) nicromo
(2) cobre   (4) tungsteno

18 Un bloque que pesa 40 newtons es liberado desde reposo en una pendiente que está 8.0 metros por encima de la horizontal, como se muestra en el siguiente diagrama.

8.0 m

Horizontal

Si 50 joules de calor son generados mientras el bloque se desliza por la pendiente, la máxima energía cinética del bloque en el fondo de la pendiente es

(1) 50. J   (3) 320 J
(2) 270 J   (4) 3100 J

19 El siguiente diagrama representa un electrón dentro un campo eléctrico entre placas paralelas que están cargadas con una diferencia potencial de 40.0 voltios.

40.0 V

Si la magnitud de la fuerza eléctrica en el electrón es 2.00×10^{-15} newton, la magnitud de la intensidad campo eléctrico entre las placas cargadas es

(1) 3.20×10^{-34} N/C   (3) 1.25×10^{4} N/C
(2) 2.00×10^{-14} N/C   (4) 2.00×10^{16} N/C

20 Un circuito consiste de un resistor de 10.0-ohm, un resistor de 15.0-ohm, y una resistor de 20.0-ohm conectados en paralelo a través de una batería de 9.00 voltios. ¿Cuál la resistencia equivalente de este circuito?

(1) $0.200 \, \Omega$ (3) $4.62 \, \Omega$
(2) $1.95 \, \Omega$ (4) $45.0 \, \Omega$

21 Un circuito eléctrico contiene un resistor variable conectado a una fuente de constante diferencia potencial. ¿Cuál gráfica mejor representa la relación entre la corriente y la resistencia en este circuito?

(1)   (3)

(2)   (4)

22 En el siguiente diagrama de circuito, dos resistores de 4.0-ohm están conectados a una batería de 16-voltios como se muestra.

4.0 Ω
16 V
4.0 Ω

La tasa a la cual la energía eléctrica se gastada en este circuito es

(1) 8.0 W   (3) 32 W
(2) 16 W   (4) 64 W

23 Aumentar la amplitud de una onda sonora produce un sonido con

                              una longitud de onda
(1) menor rapidez   (3) más corta
(2) mayor tono   (4) mayor volumen

24 El producto de la frecuencia de una onda y su período es

(1) uno   (3) su longitud de onda
(2) su velocidad   (4) la constante de Planck

25 Una onda periódica que tiene una frecuencia de 5.0 hertz y una rapidez de 10 metros sobre segundo tiene una longitud de

(1) 0.50 m   (3) 5.0 m
(2) 2.0 m   (4) 50. m

26 Una onda electromagnética viajando a través de un vacío tiene una longitud de onda de 1.5×10^{-1} metro. ¿Cuál es el período de esta onda electromagnética?

(1) 5.0×10^{-10} s   (3) 4.5×10^{7} s
(2) 1.5×10^{-1} s   (4) 2.0×10^{9} s

27 Un rayo de luz ($f = 5.09 \times 10^{14}$ Hz) viajando en el aire golpea un bloque de cloruro de sodio a un ángulo de incidencia de 30°. ¿Cuál es el ángulo de refracción para el rayo de luz en el cloruro de sodio?

(1) 19°   (3) 40.°
(2) 25°   (4) 49°

28 La rapidez de un rayo de luz viajando a través de una sustancia teniendo un índice de refracción absoluto de 1.1 es

(1) 1.1×10^{8} m/s   (3) 3.0×10^{8} m/s
(2) 2.7×10^{8} m/s   (4) 3.3×10^{8} m/s

29 La resonancia ocurre cuando un objeto vibrante transfiere energía a un segundo objeto causando que vibre. La transferencia de energía es más eficiente cuando, comparada al primer objeto, el segundo objeto tiene la misma natural

(1) frecuencia   (3) amplitud
(2) volumen   (4) rapidez

30 Una partícula subatómica podría tener una carga de

(1) 5.0×10^{-20} C   (3) 3.2×10^{-19} C
(2) 8.0×10^{-20} C   (4) 5.0×10^{-19} C

31 Dos pulsos viajando en el mismo medio uniforme se acercan el uno al otro, como se muestra en el siguiente diagrama.

¿Cuál diagrama mejor representa la superposición de los dos pulsos?

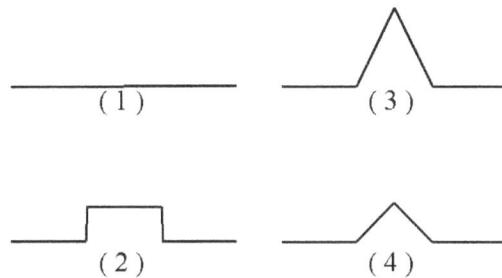

(1)   (3)

(2)   (4)

32 Un auto de policía viajando a una rapidez de 30.0 metros sobre segundo suena su sirena, la cual tiene una frecuencia de 1.00×10^{3} hertz. A medida que el auto de la policía se acerca a un peatón estacionario, el peatón detecta una frecuencia de sirena de

(1) 30.0 Hz   (3) 1.00×10^{3} Hz
(2) 9.19×10^{2} Hz   (4) 1.10×10^{3} Hz

33 Una fuente de luz de frecuencia variable emite una serie de fotones. A medida que la frecuencia del fotón aumenta, ¿qué le pasa a la energía y a la longitud de onda del fotón?

(1) La energía disminuye y la longitud de onda disminuye.
(2) La energía disminuye y la longitud de onda aumenta.
(3) La energía aumenta y la longitud de onda disminuye.
(4) La energía aumenta y la longitud de onda aumenta.

34 ¿Cuál diagrama mejor representa la forma y dirección de una serie de frentes de onda después que hayan pasado a través de una pequeña apertura en una barrera?

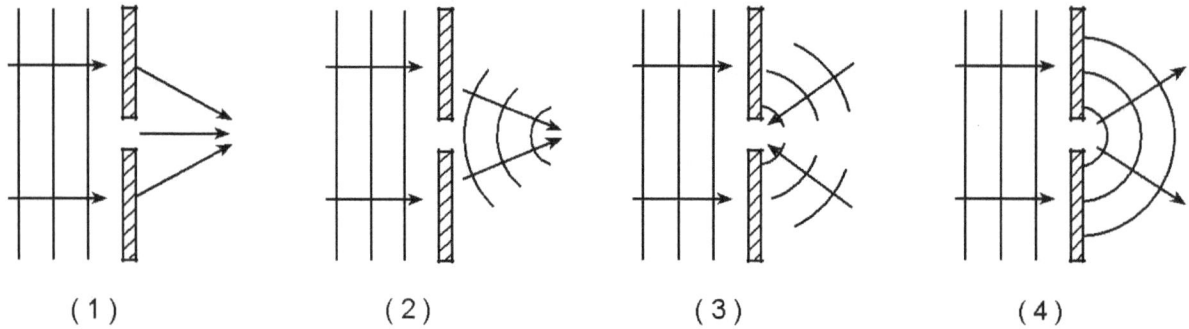

(1)   (2)   (3)   (4)

35 El siguiente diagrama representa la secuencia de eventos (paso del 1 al 10) que resultan en la producción de un mesón D^- y un mesón D^+. Un electrón y un positrón (antielectrón) chocan (paso 1), se aniquilan entre sí (paso 2), y se convierten en energía (paso 3). Esta energía produce un quark anti-encanto y un quark encanto (paso 4), el cual los separa (pasos del 5 al 7). Mientras se separan, un quark abajo y un quark anti-abajo se forman, conduciendo a la producción final de un mesón D^- y un mesón D^+ (pasos del 8 al 10).

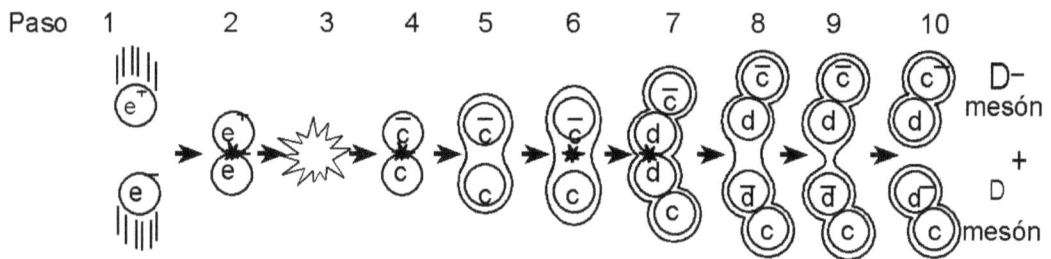

Adaptado de: Aniquilación Electrón/Positrón http:/www.particleadventure.org/frameless/eedd.html 7/23/2007

¿Qué declaración mejor describe los cambios que ocurren en esta secuencia de eventos?

(1) La energía se convierte en materia y luego la materia es convertida en energía.
(2) La materia se convierte en energía y luego la energía es convertida en materia.
(3) Quarks aislados se forman de los bariones.
(4) Los hadrones están siendo convertidos en leptones.

Responda todas las preguntas en esta parte.

Direcciones (36–49): Para *cada* declaración o pregunta, escriba en la hoja separada de respuestas el *número* de la palabra o expresión que, de las dadas, mejor complete la declaración o responda la pregunta.

36 Un joule es equivalente a

(1) N•m   (3) N/m

(2) N•s   (4) N/s

37 Lo más cercano al peso de un huevo de gallina es igual a

(1) $_{10}-3$ N   (3) 10^0N

(2) 10^{-2} N   (4) 10^2N

38 Dos fuerzas actúan concurrentemente sobre un objeto. Su fuerza resultante tiene la magnitud más grande cuando el ángulo entre las fuerzas es

(1) 0°   (3) 90°

(2) 30°   (4) 180°

39 Una bicicleta y su ciclista tienen una masa combinada de 80 kilogramos y una rapidez de 6.0 metros sobre segundo. ¿Cuál es la magnitud de la fuerza promedio necesitada para traer a la bicicleta y su ciclista a detenerse en 4.0 segundos?

(1) 1.2×10^2N   (3) 4.8×10^2N

(2) 3.2×10^2N   (4) 1.9×10^3N

40 Las fuerzas gravitacionales difieren de las fuerzas electroestáticas en el hecho que las fuerzas gravitacionales son

(1) solo atractivas

(2) solo repulsivas

(3) ni atractivas ni repulsivas

(4) tanto atractivas como repulsivas

41 ¿Cuál gráfica representa mejor la relación entre la energía potencial elástica acumulada en un resorte y su elongación desde equilibrio?

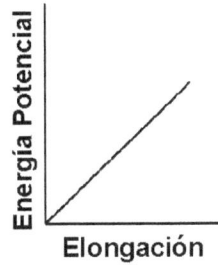

(1)

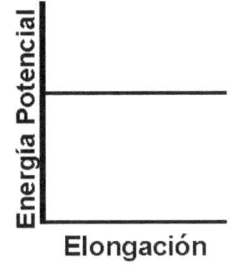

(3)

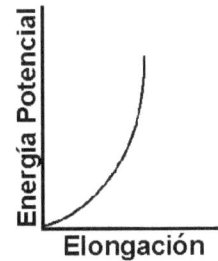

(2)

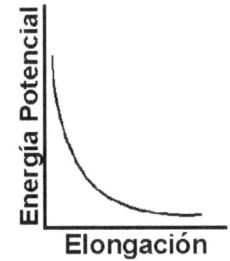

(4)

42 Un auto con masa m posee un momento de magnitud p. ¿Cuál expresión correctamente representa la energía cinética, KE, del auto en términos de m y p?

(1) $KE = \dfrac{1}{2}\dfrac{p}{m}$ (3) $KE = \dfrac{1}{2}mp$

(2) $KE = \dfrac{1}{2}mp^2$ (4) $KE = \dfrac{1}{2}\dfrac{p^2}{m}$

Base sus respuestas a las preguntas 43 y 44 en la información y el diagrama que sigue.

Dos pequeñas esferas metálicas, A y B, están separadas por una distancia de 4.0×10^{-1} metro, como se muestra. La carga en cada esfera es $+1.0 \times 10^{-6}$ coulomb. El punto P está ubicado cerca de las esferas.

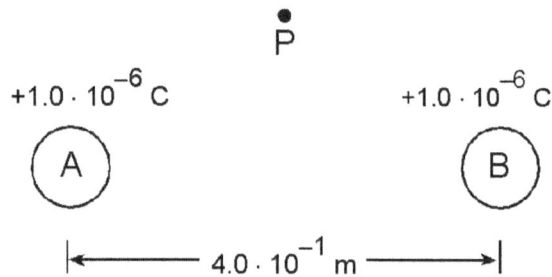

•
P

$+1.0 \cdot 10^{-6}$ C $+1.0 \cdot 10^{-6}$ C

(A)   (B)

|← —— $4.0 \cdot 10^{-1}$ m —— →|

43 ¿Cuál es la magnitud de la fuerza electroestática entre las dos esferas cargadas?

(1) 2.2×10^{-2} N   (3) 2.2×10^{4} N

(2) 5.6×10^{-2} N   (4) 5.6×10^{4} N

44 ¿Cuál flecha representa mejor la dirección del campo eléctrico resultante en el punto P debido a las cargas en las esferas A y B?

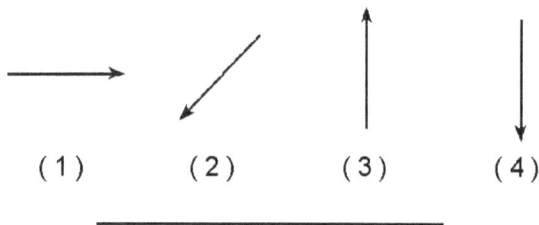

(1)   (2)   (3)   (4)

45 Una partícula no afectada por un campo eléctrico podría tener una composición quark de

(1) css (3) udc
(2) bbb (4) uud

46 Un aparato eléctrico atrae 9.0 amperios de corriente cuando se conecta a una fuente de diferencia potencial de 120-voltios. ¿Cuál es la cantidad total de potencia disipada por este aparato?

(1) 13 W   (3) 130 W
(2) 110 W   (4) 1100 W

47 Una onda sonora tiene una longitud de onda de 5.5 metros al viajar a través del aire a STP. ¿Cuál es la longitud de onda de este sonido en un medio donde la rapidez es 1324 metros sobre segundo?

(1) 1.4 m   (3) 14 m
(2) 2.2 m   (4) 22 m

48 ¿Cuál gráfica representa mejor la relación entre la energía y la masa cuando la materia es convertida en energía?

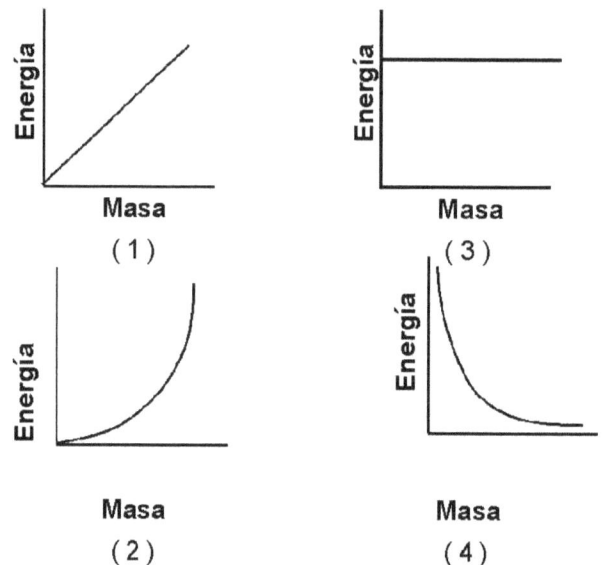

(1)   (3)

(2)   (4)

49 ¿Cuál diagrama mejor representa el comportamiento de un rayo de luz monocromática incidente sobre un bloque de vidrio tipo crown?

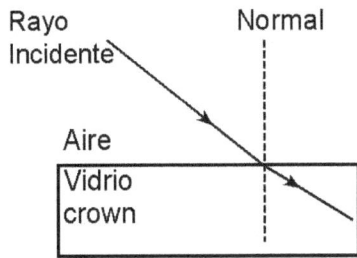

(1)

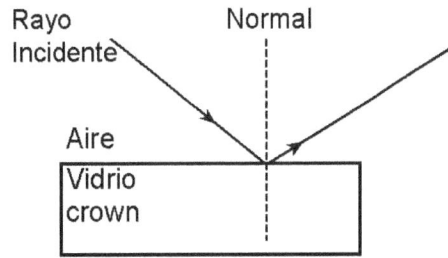

(3)

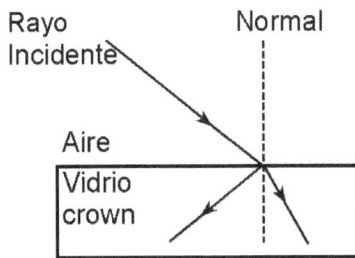

(2)

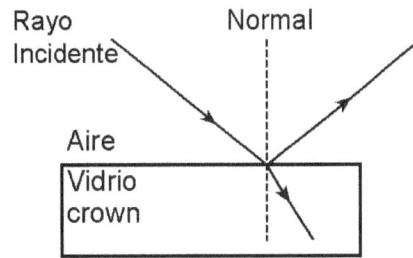

(4)

Parte B–2

Responda todas las preguntas en esta parte.

Direcciones (50–62): Registre sus respuestas en los espacios previstos en su folleto de respuestas.

50 Un resorte en un auto de juguete es comprimido una distancia, x. Cuando se libera, el resorte regresa a su longitud original, transfiriendo su energía al auto. Consecuentemente, el auto teniendo una masa m se mueve con velocidad v.

Derive la constante de resorte, k, del resorte del auto en términos de m, x, y v. [Asuma un sistema mecánico ideal sin pérdida de energía.] [Muestre todo el trabajo, incluyendo las ecuaciones usadas para derivar la constante de resorte.] [2]

Base sus respuestas a las preguntas 51 y 52 en la siguiente información.

Un atleta de 75 kilogramos trota 1.8 kilómetros a lo largo de una carretera recta en 1.2×10^3 segundos.

51 Determine la rapidez promedio del atleta en metros sobre segundos. [1]

52 Calcule la energía cinética promedio del atleta. [Muestre todo el trabajo, incluyendo la ecuación y la sustitución con las unidades.] [2]

———————————

Base sus respuestas a las preguntas 53 y 54 en la siguiente información.

Un cable de cobre a 20°C tiene una longitud de 10.0 metros y un área transversal de 1.00×10^{-3} metro^2. El cable es estirado, se hace más largo y más fino, y retorna a 20°C.

53 ¿Qué efecto tiene el estiramiento en la resistencia del cable? [1]

54 ¿Qué efecto tiene el estiramiento en la resistividad del cable? [1]

———————————

55 Un auto, inicialmente viajando a 30 metros sobre segundo, se ralentiza uniformemente mientras derrapa hasta detenerse una vez que los frenos son aplicados. En los ejes *en su folleto de respuestas*, dibuje una gráfica que muestre la relación entre la energía cinética del auto mientras se va deteniendo y el trabajo hecho por la fricción en detener al auto. [1]

Base sus respuestas a las preguntas 56 y 57 en la información y el diagrama que sigue.

Dos espejos planos están posicionados perpendicularmente el uno al otro como se muestra. Un rayo de luz roja monocromática es incidente sobre el espejo 1 a un ángulo de 55°. Este rayo es reflejado desde el espejo 1 y luego golpea el espejo 2.

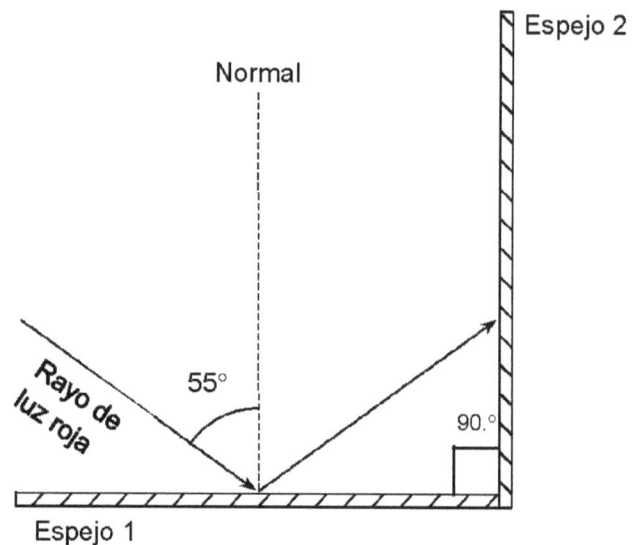

56 Determine el ángulo al cual el rayo es incidente en el espejo 2. [1]

57 En el diagrama *en su folleto de respuestas*, use un transportador y una regla para dibujar el rayo de luz mientras es reflejada desde el espejo 2. [1]

———————————

Base sus respuestas a las preguntas 58 y 59 en la información y el diagrama que sigue.

Un balón de soccer es pateado desde el punto P_i a un ángulo por encima del campo horizontal. El balón sigue una trayectoria ideal antes de aterrizar en el campo en el punto P_f.

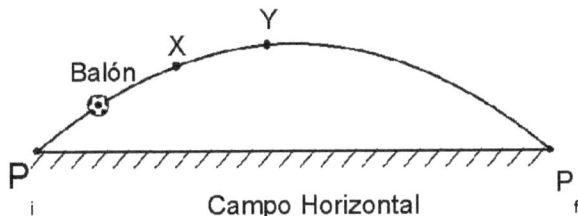

58 En el diagrama *en su folleto de respuestas,* dibuje una flecha para representar la dirección de la fuerza neta sobre el balón cuando está en la posición X. Etiquete la flecha F_{net}. [Omita fricción.] [1]

59 En el diagrama *en su folleto de respuestas,* dibuje una flecha para representar la dirección de la aceleración del balón en la posición Y. Etiquete la flecha a. [Omita fricción.] [1]

60 Un auto de 1500-kilogramos acelera a 5.0 metros sobre segundo^2 en una carretera de asfalto seco y nivelado. Determine la magnitud de la fuerza neta horizontal actuando sobre el auto. [1]

61 Calcule la magnitud de la fuerza centrípeta actuando sobre la Tierra mientras orbita el Sol, asumiendo una órbita circular y una velocidad orbital de 3.00×10^4 metros sobre segundo. [Muestre todo el trabajo, incluyendo la ecuación y la sustitución con las unidades.] [2]

62 Un leptón tau se desintegra en un electrón, un electrón antineutrino, y un neutrino tau, como representa en la siguiente reacción.

$$\tau \rightarrow e + \bar{v}_e + v_\tau$$

En la ecuación *en su folleto de respuestas,* muestre como esta reacción obedece la Ley de Conservación de Cargas Eléctricas indicando la cantidad de carga en cada partícula. [1]

Parte C

Responda todas las preguntas en esta parte.

Direcciones (63–76): Registre sus respuestas en los espacios previstos en su folleto de respuestas.

Base sus respuestas a las preguntas de la 63 a la 66 en la información y la tabla de datos que sigue.

Una masa de 1.00-kilogramo fue dejada caer desde reposo desde una altura de 25.0 metros sobre la superficie de la Tierra. La rapidez de la masa fue determinada por intervalos de 5.0-metros y registrada en la siguiente tabla de datos.

Tabla de Datos

Altura Sobre la Superficie de la Tierra (m)	Rapidez (m/s)
25.0	0.0
20.0	9.9
15.0	14.0
10.0	17.1
5.0	19.8
0	22.1

Direcciones (63–66): Usando la información en la tabla de datos, construya una gráfica en la rejilla *en su folleto de respuestas*, siguiendo las direcciones que se presentan a continuación.

63 Marque una escala apropiada en el eje etiquetado "Altura Sobre la Superficie de la Tierra (m)." [1]

64 Trace los puntos de datos para la rapidez contrarios a la altura sobre la superficie de la Tierra. [1]

65 Dibuje la línea o curva que mejor se adapte. [1]

66 Usando su gráfica, determine la rapidez de la masa después de que haya caído una distancia vertical de 12.5 metros. [1]

---

67 Un circuito eléctrico contiene una fuente de diferencia potencial y resistores de 5-ohms que se combinan para darle al circuito una resistencia equivalente de 15 ohms. En el espacio *en su folleto de respuestas*, dibuje un diagrama de este circuito usando los símbolos de circuitos dados en las *Tablas de Referencia para Entornos Físicos/Física*. [Asuma la disponibilidad de cualquier número de resistores de 5-ohms y de cables de resistencia inapreciable.] [2]

68 El siguiente diagrama representa una onda periódica transversal viajando en un medio uniforme.

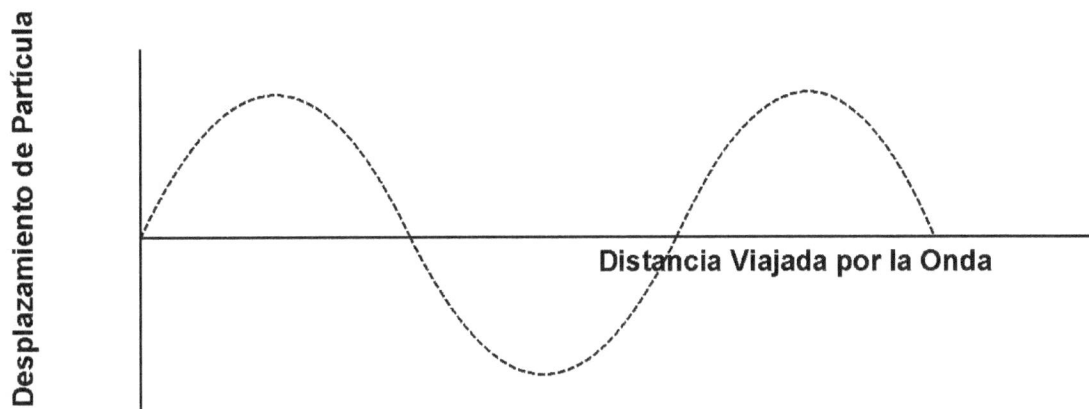

En el diagrama *en su folleto de respuestas*, dibuje una onda teniendo *tanto* una amplitud más pequeña como la misma longitud de onda que la onda dada. [2]

Base sus respuestas a las preguntas 69 y 70 en la información y el diagrama que sigue.

Un segmento de 1.50×10^{-6}-metro de largo de una onda electromagnética teniendo una frecuencia de 6.00×10^{14} hertz se representa a continuación.

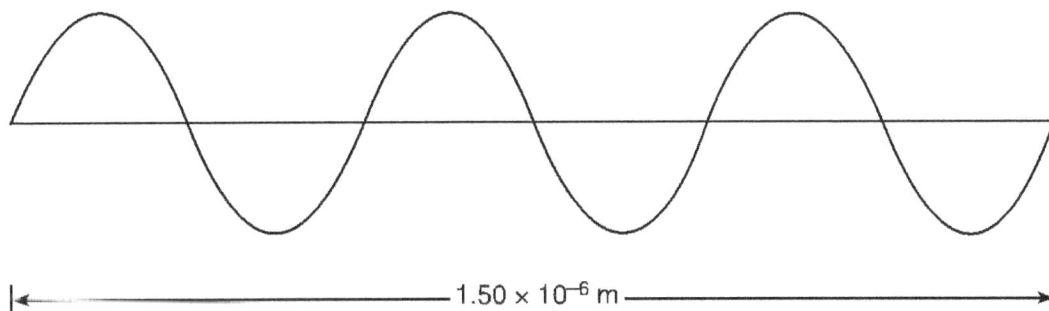

|←——————— 1.50×10^{-6} m ———————→|

69 En el diagrama *en su folleto de respuestas*, marque *dos* puntos en la onda que estén en fase el uno con el otro. Etiquete cada punto con la letra *P*. [1]

70 De acuerdo con las *Tablas de Referencia para Entornos Físicos/Física*, ¿cuál tipo de onda electromagnética representa el segmento en el diagrama? [1]

Base sus respuestas a las preguntas 71 y 72 en la siguiente información.

Un jet 747, viajando a una velocidad de 70 metros sobre segundo hacia el norte, aterriza en una pista. El jet se detiene hasta el reposo a un ritmo de 2.0 metros sobre segundo^2.

71 Calcule la distancia total que el jet viaja en la pista mientras llega al reposo. [Muestre todo el trabajo, incluyendo la ecuación y la sustitución con las unidades.] [2]

72 En el diagrama *en su folleto de respuestas,* el punto P representa la posición del jet en la pista. Comenzando en el punto P, dibuje un vector para representar la magnitud y la dirección de la aceleración del jet mientras llega a reposo. Use una escala de 1.0 centímetro = 0.50 metro/segundo^2. [2]

_____

Base sus respuestas a las preguntas 73 y 74 en la siguiente información.

Ío (pronunciado "I - o") es una de las lunas de Júpiter descubiertas por Galileo. Ío es un poco más grande que la Luna de la Tierra.
La masa de Ío es 8.93 x 10^{22} kilogramos y la masa de Júpiter es 1.90 x 10^{27} kilogramos. La distancia entre los centros de Ío y Júpiter es 4.22 x 10^8 metros.

73 Calcule la magnitud de la fuerza de atracción gravitacional que Júpiter ejerce en Ío. [Muestre todo el trabajo, incluyendo la ecuación y la sustitución con las unidades.] [2]

74 Calcule la magnitud de la aceleración de Ío debido a la fuerza gravitacional ejercida por Júpiter. [Muestre todo el trabajo, incluyendo la ecuación y la sustitución con las unidades.] [2]

_____

Base sus respuestas a las preguntas 75 y 76 en la siguiente información.

En un átomo de mercurio, mientras un electrón se mueve desde el nivel de energía i hasta el nivel de energía a, un fotón simple es emitido.

75 Determine la energía, en electronvoltios, de este fotón. [1]

76 Determine la energía de este fotón, en joules. [1]

_____

La Universidad del Estado de Nueva York

EVALUACIÓN DE SECUNDARIA NIVEL REGENTS

ENTORNOS FÍSICOS
FÍSICA

Miércoles, 25 de Junio, 2008 — solo de 9:15 a.m. a 12:15 p.m.

La hoja de respuestas para la Parte A y la Parte B-1 es la última página de este folleto evaluativo. Diríjase a la última página y dóblela siguiendo las perforaciones. Luego, lenta y cuidadosamente, rompa la hoja de respuestas y llene el encabezado.

Las respuestas a las preguntas en la Parte B-2 y la Parte C serán escritas en su folleto separado de respuestas. Asegúrese de llenar el encabezado en el frente de su folleto de respuestas.

Usted responderá *todas* las preguntas en todas las partes de esta evaluación de acuerdo a las direcciones previstas en el folleto evaluativo. Registre sus respuestas a las preguntas de opción múltiple de la Parte A y la Parte B-1 en su hoja separada de respuestas. Escriba sus respuestas a las preguntas en la Parte B-2 y la Parte C en su folleto de respuestas. Todo el trabajo deberá ser escrito en bolígrafo, excepto por las gráficas y los dibujos, los cuales deberán ser hechos en lápiz. Usted podrá usar trozos de papel para resolver algunas preguntas, pero asegúrese de registrar todas sus respuestas en la hoja de respuestas y el folleto de respuestas.

Una vez que haya completado la evaluación, usted debe firmar la declaración impresa al final de su hoja separada de respuestas, indicando que usted no tuvo conocimiento ilegal de las preguntas o las respuestas previo a la evaluación y que usted no dio ni recibió ayuda respondiendo ninguna de las preguntas durante la evaluación. Su hoja de respuestas y su folleto de respuestas no podrán ser aceptados si usted no firma esta declaración.

Notése. . .

Una calculadora gráfica o científica, una regla de centímetros, un transportador, y una copia de la *Edición de 2006 de las Tablas de Referencia para Entornos Físicos/Física,* la cual podrá necesitar para responder algunas de las preguntas en esta evaluación, deberán estar disponibles para su uso mientras realiza esta evaluación.

El uso de cualquier dispositivo de comunicación está estrictamente prohibido mientras realiza esta evaluación. Si usted usa algún dispositivo de comunicación, independientemente de lo corto de su uso, su evaluación será invalidada y no se le calculará puntuación.

NO ABRA ESTE FOLLETO EVALUATIVO HASTA QUE LA SEÑAL SEA DADA.

Parte A

Responda todas las preguntas en esta parte.

Direcciones (1–35): Para *cada* declaración o pregunta, escriba en la hoja separada de respuestas el *número* de la palabra o expresión que, de las dadas, mejor complete la declaración o responda la pregunta.

1 El velocímetro en un auto *no* mide la velocidad del auto porque la velocidad es una

(1) cantidad vectorial y tiene una dirección asociada con el

(2) cantidad vectorial y no tiene una dirección asociada con el

(3) cantidad escalar y tiene una dirección asociada con el

(4) cantidad escalar y no tiene una dirección asociada con el

2 Un proyectil lanzado a un ángulo de 45° por encima de la horizontal viaja por el aire. Comparado con la vía teórica del proyectil sin la fricción del aire, la trayectoria actual del proyectil con la fricción del aire

(1) inferior y más corta (3) superior y más corta

(2) inferior y más larga (4) superior y más larga

3 La carreta *A* tiene una masa de 2 kilogramos y una rapidez de 3 metros sobre segundo. La carreta *B* tiene una masa de 3 kilogramos y una rapidez de 2 metros sobre segundo. Comparado con la inercia y la magnitud del momento de la carreta *A*, la carreta *B* tiene

(1) la misma inercia y una menor magnitud de momento

(2) la misma inercia y la misma magnitud de momento

(3) mayor inercia y una menor magnitud de momento

(4) mayor inercia y la misma magnitud de momento

4 ¿Aproximadamente cuánto tiempo se tarda la luz en viajar hacia la Tierra desde el Sol?

(1) 2.00×10^{-3} s (3) 5.00×10^{2} s

(2) 1.28×10^{0} s (4) 4.50×10^{19} s

5 Una roca cae desde el reposo una distancia vertical de 0.72 metro hacia la superficie de un planeta en 0.63 segundo. La magnitud de la aceleración debido a la gravedad en el planeta es

(1) 1.1 m/s^2 (3) 3.6 m/s^2

(2) 2.3 m/s^2 (4) 9.8 m/s^2

6 Dos piedras, *A* y *B*, son lanzadas horizontalmente desde la cima de un acantilado. La piedra *A* tiene una rapidez inicial de 15 metros sobre segundo y la piedra *B* tiene una rapidez inicial de 30 metros sobre segundo. Comparado con el tiempo que le toma a la piedra *A* alcanzar el suelo, el tiempo que le toma a la piedra *B* alcanzar el suelo es

(1) el mismo (3) la mitad

(2) dos veces mayor (4) cuatro veces mayor

7 La rapidez de un objeto que atraviesa por una constante aceleración aumenta desde 8.0 metros sobre segundo a 16.0 metros sobre segundo en 10 segundos. ¿Qué tanto viaja el objeto durante los 10 segundos?

(1) 3.6×10^{2} m (3) 1.2×10^{2} m

(2) 1.6×10^{2} m (4) 8.0×10^{1} m

8 Una nave espacial de 1200-kilogramos viaja a 4.8 metros sobre segundo a lo largo del nivel de la superficie de Marte. Si la magnitud de la fuerza del campo gravitacional en la superficie de Marte es 3.7 newtons por kilogramo, la magnitud de la fuerza normal que actúa sobre el vehículo es

(1) 320 N (3) 4400 N

(2) 930 N (4) 5800 N

9 ¿Cuál diagrama representa una caja en equilibrio?

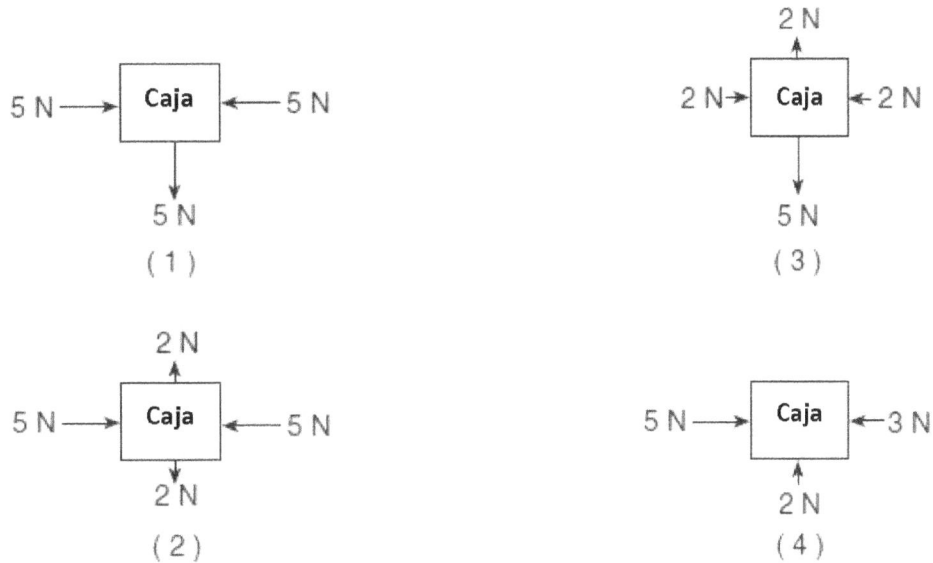

5 N →　Caja　← 5 N

5 N

(1)

2 N →　Caja　← 2 N

↑ 2 N

↓ 5 N

(3)

↑ 2 N

5 N →　Caja　← 5 N

↓ 2 N

(2)

5 N →　Caja　← 3 N

↑ 2 N

(4)

10 El siguiente diagrama muestra un objeto moviéndose contrario a las agujas del reloj alrededor de una pista circular, horizontal.

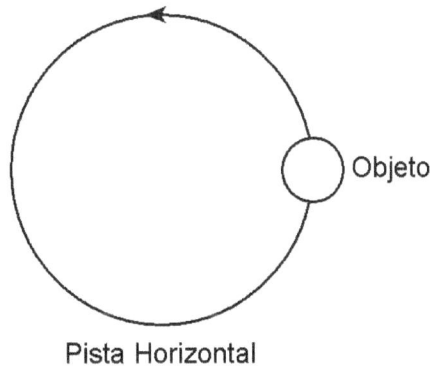

Objeto

Pista Horizontal

¿Cuál diagrama representa la dirección de tanto la velocidad del objeto como de la fuerza centrípeta actuando sobre el objeto cuando está en la posición mostrada?

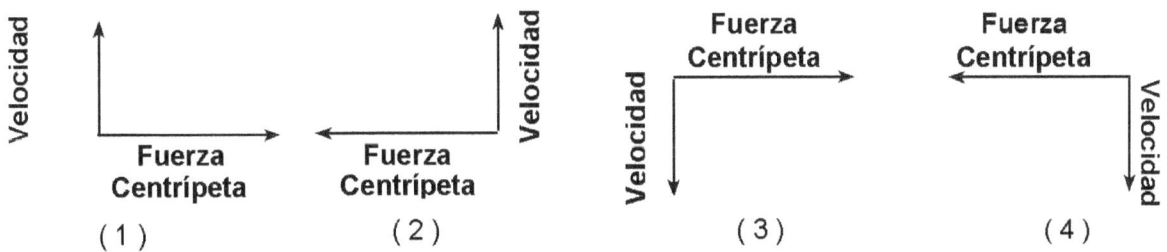

Velocidad

Fuerza
Centrípeta

(1)

Fuerza
Centrípeta

Velocidad

(2)

Velocidad

Fuerza
Centrípeta

(3)

Fuerza
Centrípeta

Velocidad

(4)

11 Un avión vuela con una velocidad de 750 kilómetros sobre hora, 30.0° al sur del este. ¿Cuál es la magnitud del componente hacia el este de la velocidad del avión?

(1) 866 km/h   (3) 433 km/h
(2) 650. km/h   (4) 375 km/h

12 Un patinador de 80 kilogramos se desliza en esquíes encerados por una superficie horizontal de nieve a velocidad constante mientras empuja con sus bastones. ¿Cuál es el componente horizontal de la fuerza que lo empuja hacia adelante?

(1) 0.05 N   (3) 40 N
(2) 0.4 N   (4) 4 N

13 Un auto de 1750 kilogramos viaja a rapidez constante de 15.0 metros sobre segundo alrededor de una pista circular horizontal con un radio de 45.0 metros. La magnitud de la fuerza centrípeta que actúa en el auto es

(1) 5.00 N   (3) 8750 N
(2) 583 N   (4) $3.94 \cdot 10^5$ N

14 Un balón de futbol americano viajando a una rapidez de 22 metros sobre segundo es atrapado por un receptor estacionario de 84 kilogramos. Si el balón llega a reposo en los brazos del receptor, la magnitud del impulso impartido al receptor por el balón es

(1) 1800 N•s   (3) 4.4 N•s
(2) 9.9 N•s   (4) 3.8 N•s

Note que la pregunta 15 solo tiene tres opciones.

15 Un carpintero golpea un clavo con un martillo. Comparado con la magnitud de la fuerza que el martillo ejerce en el clavo, la magnitud de la fuerza que el clavo ejerce en el martillo durante el contacto es

(1) menos
(2) mayor
(3) la misma

16 Mientras un meteoro se mueve de una distancia de 16 radios de la Tierra a una distancia de 2 radios de la Tierra desde el centro de la Tierra, la magnitud de la fuerza gravitacional entre el meteoro y la Tierra se convierte

(1) $\frac{1}{8}$ veces mayor   (3) 64 veces mayor
(2) 8 veces mayor   (4) 4 veces mayor

17 Un estudiante de 60 kilogramos sube una distancia vertical de 4.0 metros sobre una escalera en 8.0 segundos. ¿Aproximadamente cuánto trabajo es hecho en contra de la gravedad por el estudiante durante la escalada?

(1) 2.4×10^3 J   (3) 2.4×10^2 J
(2) 2.9×10^2 J   (4) 3.0×10^1 J

18 Un auto viaja a rapidez constante v colina arriba desde el punto A hasta el punto B, como se muestra en el siguiente diagrama.

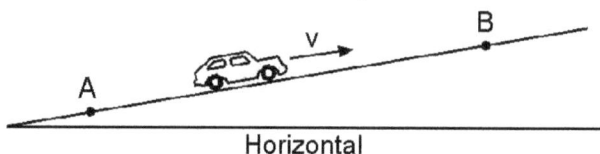

El auto, al viajar desde A hasta B, su energía gravitacional potencial

(1) aumenta y su energía cinética disminuye
(2) aumenta y su energía cinética se mantiene igual
(3) se mantiene y su energía cinética disminuye
(4) se mantiene, al igual que su energía cinética

19 ¿Cuál es la cantidad máxima de trabajo que un motor de 6000 vatios puede hacer en 10 segundos?

(1) 6.0×10^1 J   (3) 6.0×10^3 J
(2) 6.0×10^2 J   (4) 6.0×10^4 J

20 Tres resistores, 4 ohms, 6 ohms, y 8 ohms, están conectados en paralelo en un circuito eléctrico. La resistencia equivalente del circuito es

(1) menos de 4 Ω
(2) entre 4 Ω y 8 Ω
(3) entre 10 Ω y 18 Ω
(4) 18 Ω

Note que la pregunta 21 solo tiene tres opciones.

21 Un circuito eléctrico contiene un resistor variable conectado a una fuente de constante voltaje. Mientras se aumenta la resistencia del resistor variable, la potencia disipada en el circuito

(1) disminuye
(2) aumenta
(3) se mantiene

22 Un electrón es ubicado en el campo eléctrico entre dos placas metálicas paralelas como se muestra en el siguiente diagrama.

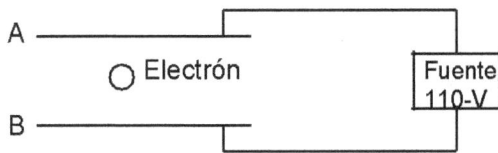

Si el electrón es atraído a la placa A, entonces la placa A está cargada

(1) positivamente, y el campo eléctrico es dirigido desde la placa A hacia la placa B
(2) positivamente, y el campo eléctrico es dirigido desde la placa B hacia la placa A
(3) negativamente, y el campo eléctrico es dirigido desde la placa A hacia la placa B
(4) negativamente, y el campo eléctrico es dirigido desde la placa B hacia la placa A

23 Una diferencia potencial de 10.0 voltios existe entre dos puntos, el A y el B, dentro de un campo eléctrico. ¿Cuál es la magnitud de la carga que requiere 2.0×10^{-2} joule de trabajo para moverla desde A hasta B?

(1) 5.0×10^{2} C
(2) 2.0×10^{-1} C
(3) 5.0×10^{-2} C
(4) 2.0×10^{-3} C

24 Un circuito consiste de un resistor y una batería. Aumentar el voltaje de la batería mientras se mantiene la temperatura de la constante del circuito resultaría en un aumento en la

(1) corriente, solamente
(2) resistencia, solamente
(3) tanto la corriente como la resistencia
(4) ni la corriente ni la resistencia

25 El tiempo requerido para que una onda complete un ciclo completo se denomina esta parte de la onda

(1) frecuencia
(2) período
(3) velocidad
(4) longitud de onda

26 Una onda de radio electromagnética de banda-AM podría tener una longitud de onda de

(1) 0.005 m
(2) 5 m
(3) 500 m
(4) 5 000 000 m

27 El siguiente diagrama representa una onda transversal

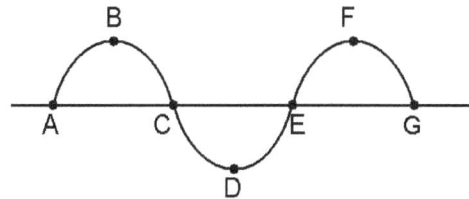

La longitud de la onda es igual a la distancia entre los puntos

(1) A y G
(2) B y F
(3) C y E
(4) D y F

28 Cuando una onda de luz entra a un nuevo medio y es refractada, debe haber un cambio en esta parte de la onda de luz

(1) color
(2) frecuencia
(3) período
(4) rapidez

29 La velocidad de la luz en una pieza de plástico es 2.00×10^{8} metros sobre segundo. ¿Cuál es el índice absoluto de refracción de este plástico?

(1) 1.00
(2) 0.670
(3) 1.33
(4) 1.50

30 La onda X viaja hacia el este con una frecuencia f y una amplitud A. La onda Y, viajando en el mismo medio, interactúa con la onda X y produce una onda estacionaria. ¿Qué declaración acerca la onda Y es correcta?

(1) La onda Y debe tener una frecuencia de f, una amplitud de A, y estar viajando hacia el este.
(2) La onda Y debe tener una frecuencia de 2f, una amplitud de 3A, y estar viajando hacia el este.
(3) La onda Y debe tener una frecuencia de 3f, una amplitud de 2A, y estar viajando hacia el oeste.
(4) La onda Y debe tener una frecuencia de f, una amplitud de A, y estar viajando hacia el oeste.

31 El siguiente diagrama representa dos pulsos acercándose uno al otro desde direcciones opuestas en el mismo medio.

¿Cuál diagrama representa el medio después de que los pulsos hayan pasado uno a través del otro?

(1)

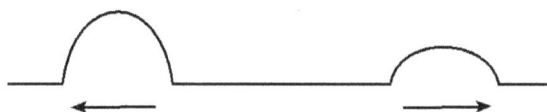

(2)

(3)

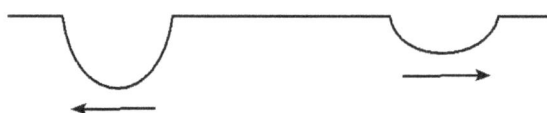

(4)

32 La corneta de un auto está produciendo una onda sonora que tiene una frecuencia constante de 350 hertz. Si el auto se mueve hacia un observador estacionario a rapidez constante, la frecuencia de la corneta del auto detectada por este observador podría ser

(1) 320 Hz   (3) 350 Hz
(2) 330 Hz   (4) 380 Hz

33 Un átomo de mercurio en el estado fundamental absorbe 20.0 electronvoltios de energía y es ionizado al perder un electrón. ¿Qué tanta energía cinética tiene este electrón tras la ionización?

(1) 6.40 eV   (3) 10.38 eV
(2) 9.62 eV   (4) 13.60 eV

34 ¿Cuál fuerza fundamental es principalmente responsable por la atracción entre los protones y los electrones?
(1) fuerte   (3) gravitacional
(2) débil   (4) electromagnética

35 La conversión total de 1.00 kilogramo de la masa del Sol a energía cede

(1) 9.31×10^{2} MeV   (3) 3.00×10^{8} J
(2) 8.38×10^{19} MeV   (4) 9.00×10^{16} J

Parte B–1

Responda todas las preguntas en esta parte.

Direcciones (36–51): Para *cada* declaración o pregunta, escriba en la hoja separada de respuestas el *número* de la palabra o expresión que, de las dadas, mejor complete la declaración o responda la pregunta.

36 La masa de un pisapapeles aproximadamente es

(1) 1×10^{6} kg   (3) 1×10^{-3} kg

(2) 1×10^{3} kg   (4) 1×10^{-6} kg

37 La siguiente gráfica representa el desplazamiento de un objeto moviéndose en línea recta como una función de tiempo.

Desplazamiento vs. Tiempo

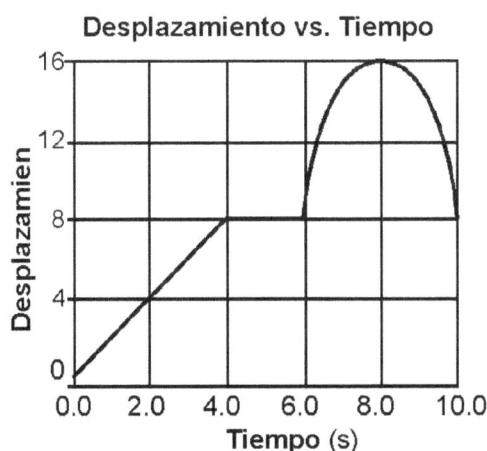

¿Cuál fue la distancia total viajada por el objeto durante el intervalo de tiempo de 10.0 segundos?

(1) 0 m   (3) 16 m

(2) 8 m   (4) 24 m

38 ¿Cuál diagrama mejor representa las fuerzas gravitacionales, F_g, entre un satélite, S, y la Tierra?

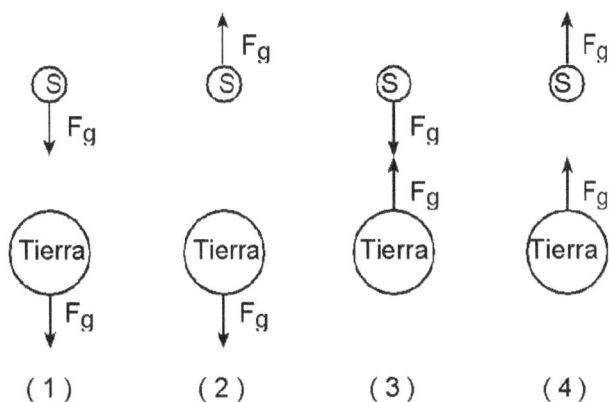

39 Un bloque que pesa 10.0 newtons está en una rampa inclinada a 30.0° de la horizontal. Una fuerza de fricción de 3.0-newtons, F_f, actúa en el bloque mientras este es halado por la rampa a constante velocidad con fuerza F, la cual es paralela a la rampa, como se muestra en el siguiente diagrama.

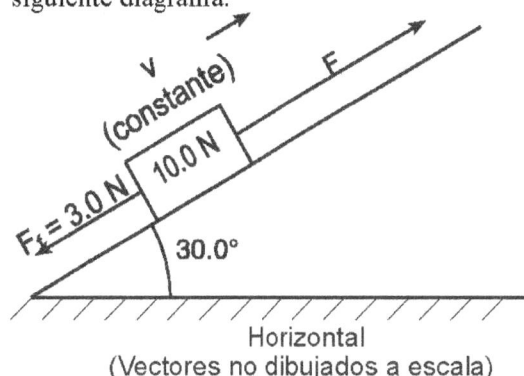

Horizontal
(Vectores no dibujados a escala)

¿Cuál es la magnitud de la fuerza F?

(1) 7.0 N   (3) 10. N

(2) 8.0 N   (4) 13 N

40 Una fuerza horizontal de 25-newton hacia el norte y una fuerza horizontal de 35-newton hacia el sur actúan concurrentemente sobre un objeto de 15-kilogramos en una superficie sin fricción. ¿Cuál es la magnitud de la aceleración del objeto?

(1) 0.67 m/s^{2} (3) 2.3 m/s^{2}

(2) 1.7 m/s^{2} (4) 4.0 m/s^{2}

41 El siguiente diagrama representa dos fuerzas concurrentes.

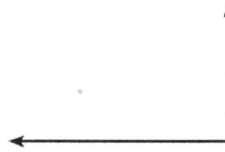

¿Cuál vector representa la fuerza que producirá equilibrio con estas dos fuerzas?

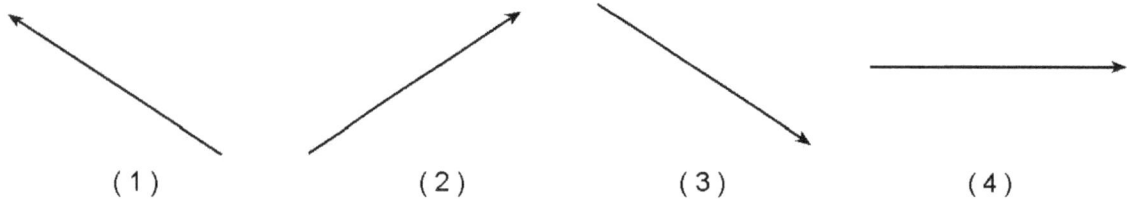

(1)   (2)   (3)   (4)

42 ¿Cuál gráfica mejor representa la relación entre la magnitud de la aceleración centrípeta y la rapidez de un objeto moviéndose en un círculo de radio constante?

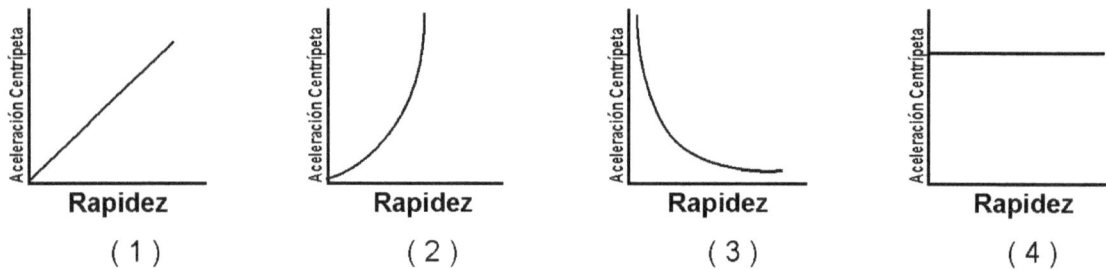

(1)   (2)   (3)   (4)

43 El siguiente diagrama representa dos masas antes y después de que choquen. Antes de la colisión, la masa m_A se está moviendo hacia la derecha v, y la masa m_B está en reposo. Tras la colisión, las dos masas se adhieren.

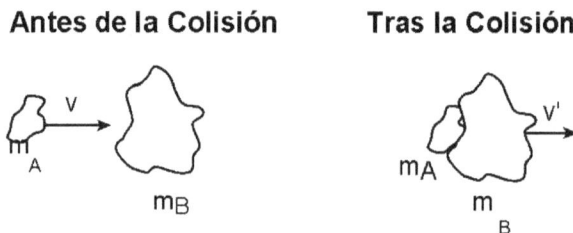

Antes de la Colisión   **Tras la Colisión**

¿Cuál expresión representa la rapidez, v', de las masas tras la colisión? [Asuma que no están actuando fuerzas externas sobre m_A o m_B.]

(1) $\dfrac{m_A + m_B v}{m_A}$

(2) $\dfrac{m_A + m_B}{m_A v}$

(3) $\dfrac{m_B v}{m_A + m_B}$

(4) $\dfrac{m_A v}{m_A + m_B}$

44 ¿Cuál combinación de unidades fundamentales puede ser usada para expresar energía?

(1) kg•m/s

(2) kg•m^2/s

(3) kg•m/s^2

(4) kg•m^2/s^2

45 Un objeto es lanzado verticalmente hacia arriba. ¿Cuál par de gráficas mejor representa la energía cinética del objeto y la energía gravitacional potencial como funciones de su desplazamiento mientras se eleva?

(1)

 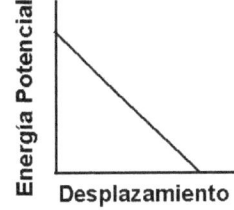

(3)

(2)

 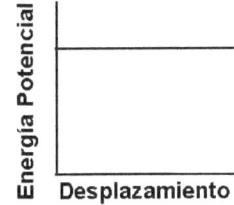

(4)

46 Una carga que fluye a una tasa de 2.50 x 10^{16} cargas elementales por segundo es equivalente a una corriente de

(1) 2.50x 10^{13} A

(2) 6.25x 10^5 A

(3) 4.00 x 10^{-3} A

(4) 2.50 x 10^{-3} A

47 Un taladro eléctrico operando a 120 voltios atrae una corriente de 3.00 amperios. ¿Cuál es la cantidad total de energía eléctrica usada por el taladro durante 1.00 minuto de operación?

(1) 2.16 x 10^4 J

(2) 2.40 x 10^3 J

(3) 3.60 x 10^2 J

(4) 4.00 x 10^1 J

48 El siguiente diagrama representa una onda transversal viajando hacia la derecha a través de un medio. El punto A representa una partícula del medio.

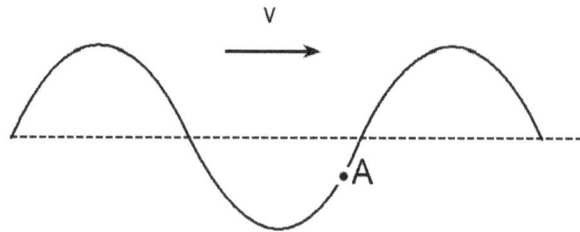

¿En cuál dirección se moverá la partícula A en el próximo instante de tiempo?

(1) arriba

(2) abajo

(3) izquierda

(4) derecha

49 ¿Cuál gráfica mejor representa la relación entre la energía de fotón y la frecuencia de fotón?

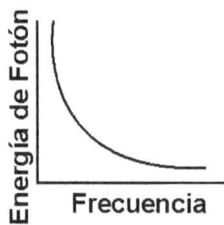 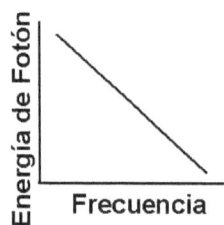 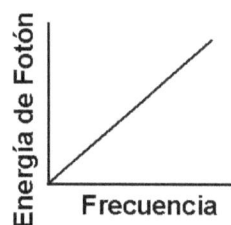 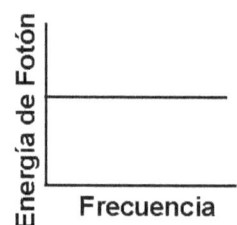

(1)   (2)   (3)   (4)

Base sus respuestas a las preguntas 50 y 51 en la siguiente tabla, la cual muestra datos acerca de varias partículas subatómicas.

Tabla de Partículas Subatómicas

Símbolo	Nombre	Contenido Quark	Carga Eléctrica	Masa (GeV/c^2)
p	protón	uud	+1	0.938
$\bar{p}$	antiprotón	$\bar{u}\,\bar{u}\,\bar{d}$	−1	0.938
n	neutrón	udd	0	0.940
λ	lambda	uds	0	1.116
Ω^-	omega	sss	−1	1.672

50 ¿Cuál partícula contemplada en la tabla tiene la carga opuesta de, y es más masiva que, un protón?

(1) antiprotón

(2) neutrón

(3) lambda

(4) omega

51 Todas las partículas contempladas en la tabla se clasifican como

(1) mesones

(2) hadrones

(3) antimateria

(4) leptones

Parte B–2

Responda todas las preguntas en esta parte.

Direcciones (52–61): Registre sus respuestas en los espacios previstos en su folleto de respuestas.

52 El siguiente gráfico representa la velocidad de un objeto viajando en una línea recta como una función de tiempo.

Velocidad vs. Tiempo

Determine la magnitud del desplazamiento total del objeto al fin de los primeros 6.0 segundos. [1]

Base sus respuestas a las preguntas 53 y 54 en la siguiente información.

Un saltador de pértiga de 65-kilogramos desea saltar a una altura de 5.5 metros.

53 Calcule la *mínima* cantidad de energía cinética que el saltador necesita para alcanzar esta altura si la fricción del aire se omite y toda la energía del salto deriva de la energía cinética. [Muestre todo el trabajo, incluyendo la ecuación y la sustitución con las unidades.] [2]

54 Calcule la rapidez a la que el saltador debe ir para tener la energía cinética necesaria. [Muestre todo el trabajo, incluyendo la ecuación y la sustitución con las unidades.] [2]

Base sus respuestas a las preguntas de la 55 a la 57 en la información y el diagrama de vector que sigue.

Un perro camina 8.0 metros hacia el norte y luego 6.0 metros hacia el este.

55 Usando una regla de metros y el diagrama de vector, determine la escala usada en el diagrama. [1]

56 En el diagrama *en su folleto de respuestas*, construya el vector resultante que represente el desplazamiento total del perro. [1]

57 Determine la magnitud del desplazamiento total del perro. [1]

58 A dos pequeñas esferas de metal idénticas, A y B, en soportes aislados, se les da una carga de $+2.0 \times 10^{-6}$ coulomb. La distancia entre las esferas es 2.0×10^{-1} metro. Calcule la magnitud de la fuerza electroestática que la carga en la esfera A ejerce en la carga en la esfera B. [Muestre todo el trabajo, incluyendo la ecuación y la sustitución con las unidades.] [2]

Base sus respuestas a las preguntas 59 y 60 en la información y el diagrama que sigue.

Un cable de cobre de 10.0-metros de largo está a 20°C. El radio del cable es 1.0×10^{-3} metro.

Sección Transversal del Cable de Cobre

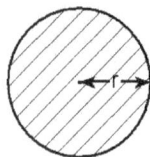

$r = 1.0 \times 10^{-3}$ m

59 Determine el área transversal del cable. [1]

60 Calcule la resistencia del cable. [Muestre todo el trabajo, incluyendo la ecuación y la sustitución con las unidades.] [2]

___

61 El diagrama en su folleto de respuestas representa una onda transversal moviéndose en una cuerda uniforme con el punto A etiquetado como se muestra. En el diagrama *en su folleto de respuestas*, marque una **X** en el punto en la onda que este 180° fuera de fase con el punto A. [1]

___

Parte C

Responda todas las preguntas en esta parte.

Direcciones (62–76): Registre sus respuestas en los espacios previstos en su folleto de respuestas.

Base sus respuestas a las preguntas de la 62 a la 64 en la siguiente información.

Un balón de soccer pateado tiene una velocidad inicial de 25 metros sobre segundo a un ángulo de 40° por encima de la horizontal, a nivel del suelo. [Omita fricción.]

62 Calcule la magnitud de la componente vertical de la velocidad inicial del balón. [Muestre todo el trabajo, incluyendo la ecuación y la sustitución con las unidades.] [2]

63 Calcule la altura máxima que el balón alcanza por encima de su posición inicial. [Muestre todo el trabajo, incluyendo la ecuación y la sustitución con las unidades.] [2]

64 En el diagrama *en su folleto de respuestas,* dibuje la trayectoria del vuelo del balón desde su punto inicial en la posición *P* hasta que regresa al nivel del suelo. [1]

Base sus respuestas a las preguntas de la 65 a la 67 en la siguiente información.

Un resistor de 15-ohm, R_1, y un resistor de 30-ohm, R_2, están por ser conectados en paralelo entre los puntos *A* y *B* en un circuito que contiene una batería de 90-voltios.

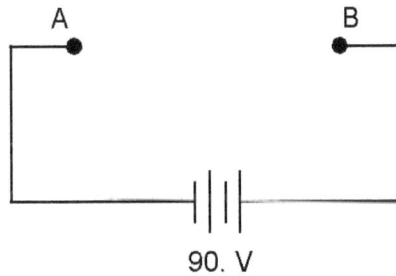

90. V

65 Complete el diagrama *en su folleto de respuestas* para mostrar los dos resistores conectados en paralelo entre los puntos *A* y *B*. [1]

66 Determine la diferencia potencial a través del resistor R_1. [1]

67 Calcule la corriente en el resistor R_1. [Muestre todo el trabajo, incluyendo la ecuación y la sustitución con las unidades.] [2]

Base sus respuestas a las preguntas de la 68 a la 71 en la información y la tabla de datos que sigue.

El resorte en un lanzador de dardos tiene una constante de resorte de 140 newtons por metro. El lanzador tiene seis configuraciones de poder, desde 0 hasta 5, con cada configuración consecuente teniendo una compresión de resorte 0.020 metro más que la configuración previa. Durante las pruebas, el lanzador está alineado a la vertical, el resorte está compreso, y un dardo es disparado hacia arriba. El desplazamiento máximo vertical del dardo en cada ensayo de prueba es medido. Los resultados del ensayo son mostrados en la siguiente tabla.

Tabla de Datos

Configuración de Poder	Compresión de Resorte (m)	Desplazamiento Máximo Vertical del dardo (m)
0	0.000	0.00
1	0.020	0.29
2	0.040	1.14
3	0.060	2.57
4	0.080	4.57
5	0.100	7.10

Direcciones (68–69): Usando la información en la tabla de datos, construya una gráfica en la rejilla *en su folleto de respuestas*, siguiendo las direcciones que se dan a continuación.

68 Trace los puntos de datos para el desplazamiento máximo vertical del dardo versus la compresión del resorte. [1]

69 Dibuje la línea o curva que mejor se adapte. [1]

70 Usando la información de su gráfica, calcule la energía otorgada por el resorte compreso que causa que el dardo alcance un desplazamiento máximo vertical de 3.50 metros. [Muestre todo el trabajo, incluyendo la ecuación y la sustitución con las unidades.] [2]

71 Determine la magnitud de la fuerza, en newtons, necesitada para comprimir el resorte 0.040 metro. [1]

Base sus respuestas a las preguntas de la 72 a la 74 en la información y el diagrama que sigue.

Un rayo de luz monocromática que tiene una frecuencia de 5.09×10^{14} hertz es incidente en un interfaz de aire y aceite de maíz a un ángulo de 35° como se muestra. El rayo es transmitido a través de capas paralelas de aceite de maíz y glicerol y luego es reflejado desde la superficie de un espejo plano, ubicado debajo y paralelo a la capa de glicerol. El rayo luego emerge del aceite de maíz de vuelta al aire en el punto P.

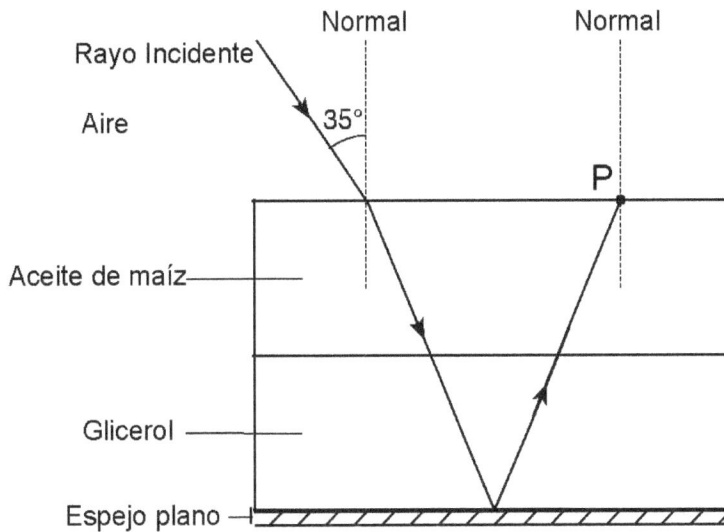

72 Calcule el ángulo de refracción del rayo de luz mientras entra al aceite de maíz desde el aire. [Muestre todo el trabajo, incluyendo la ecuación y la sustitución con las unidades.] [2]

73 Explique porque el rayo *no* se dobla en la interfaz de glicerol y aceite de maíz. [1]

74 En el diagrama *en su folleto de respuestas,* use un transportador y una regla para construir el rayo refractado representando la luz que emerge en el punto P hacia el aire. [1]

Base sus respuestas a las preguntas 75 y 76 en la información y tabla de datos que sigue.

En la primera reacción nuclear que se usó un acelerador de partículas, protones acelerados bombardearon los átomos de litio, produciendo partículas alfa y energía. La energía resultó de la conversión de masa en energía. La reacción puede ser escrita como se muestra a continuación.

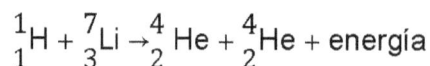

$$^{1}_{1}H + ^{7}_{3}Li \rightarrow ^{4}_{2}He + ^{4}_{2}He + \text{energía}$$

Tabla de Datos

Partícula	Símbolo	Massa (u)
protón	$^{1}_{1}H$	1.007 83
átomo de litio	$^{7}_{3}Li$	7.016 00
partícula alfa	$^{4}_{2}He$	4.002 60

75 Determine la diferencia entre la masa total de un protón más un átomo de litio, $^{1}_{1}H + ^{7}_{3}Li$, y la masa total de dos partículas alfa, $^{4}_{2}He + ^{4}_{2}He$, en unidades de masa universales. [1]

76 Determine la energía en electronvoltios producida en la reacción de un protón con un átomo de litio. [1]

EVALUACIÓN DE SECUNDARIA NIVEL REGENTS

ENTORNOS FÍSICOS
FÍSICA

Jueves, 29 de Enero, 2009 — solo de 1:15 a 4:15 p.m.

La hoja de respuestas para la Parte A y la Parte B-1 es la última página de este folleto evaluativo. Diríjase a la última página y dóblela siguiendo las perforaciones. Luego, lenta y cuidadosamente, rompa la hoja de respuestas y llene el encabezado.

Las respuestas a las preguntas en la Parte B-2 y la Parte C serán escritas en su folleto separado de respuestas. Asegúrese de llenar el encabezado en el frente de su folleto de respuestas.

Usted responderá *todas* las preguntas en todas las partes de esta evaluación de acuerdo a las direcciones previstas en el folleto evaluativo. Registre sus respuestas a las preguntas de opción múltiple de la Parte A y la Parte B-1 en su hoja separada de respuestas. Escriba sus respuestas a las preguntas en la Parte B-2 y la Parte C en su folleto de respuestas. Todo el trabajo deberá ser escrito en bolígrafo, excepto por las gráficas y los dibujos, los cuales deberán ser hechos en lápiz. Usted podrá usar trozos de papel para resolver algunas preguntas, pero asegúrese de registrar todas sus respuestas en la hoja de respuestas y el folleto de respuestas.

Una vez que haya completado la evaluación, usted debe firmar la declaración impresa al final de su hoja separada de respuestas, indicando que usted no tuvo conocimiento ilegal de las preguntas o las respuestas previo a la evaluación y que usted no dio ni recibió ayuda respondiendo ninguna de las preguntas durante la evaluación. Su hoja de respuestas y su folleto de respuestas no podrán ser aceptados si usted no firma esta declaración.

Notése. . .

Una calculadora gráfica o científica, una regla de centímetros, un transportador, y una copia de la *Edición de 2006 de las Tablas de Referencia para Entornos Físicos/Física,* la cual podrá necesitar para responder algunas de las preguntas en esta evaluación, deberán estar disponibles para su uso mientras realiza esta evaluación.

El uso de cualquier dispositivo de comunicación está estrictamente prohibido mientras realiza esta evaluación. Si usted usa algún dispositivo de comunicación, independientemente de lo corto de su uso, su evaluación será invalidada y no se le calculará puntuación.

NO ABRA ESTE FOLLETO EVALUATIVO HASTA QUE LA SEÑAL SEA DADA.

Parte A

Responda todas las preguntas en esta parte.

Direcciones (1–35): Para *cada* declaración o pregunta, escriba en la hoja separada de respuestas el *número* de la palabra o expresión que, de las dadas, mejor complete la declaración o responda la pregunta.

1 Una fuerza de 25 newtons hacia el este y una fuerza de 25 newtons hacia el oeste actúan concurrentemente en una carreta de 5.0-kilogramos. ¿Cuál es la aceleración de la carreta?
(1) 1.0 m/s^2 oeste   (3) 5.0 m/s^2 este
(2) 0.20 m/s^2 este   (4) 0 m/s^2

2 Un resorte sin estirar tiene una longitud de 10 centímetros. Cuando el resorte es estirado por una fuerza de 16 newtons, su longitud se incrementa a 18 centímetros. ¿Cuál es la constante de resorte de este resorte?
(1) 0.89 N/cm   (3) 1.6 N/cm
(2) 2.0 N/cm   (4) 1.8 N/cm

3 ¿Cuál es la aceleración debido a la gravedad en una ubicación donde una masa de 15-kilogramos pesa 45.0 newtons?
(1) 675 m/s^2 (3) 3.00 m/s^2
(2) 9.81 m/s^2 (4) 0.333 m/s^2

4 Al ser manejado un auto hacia el sur en línea recta con rapidez *decreciente*, la aceleración del auto debe ser
(1) dirigida hacia el norte
(2) dirigida hacia el sur
(3) cero
(4) constante, pero no cero

5 Una bola de béisbol que se deja caer desde el techo de un edificio alto se tarda 3.1 segundos en tocar el suelo. ¿Qué tan alto es el edificio? [Omita fricción.]
(1) 15 m   (3) 47 m
(2) 30. m   (4) 94 m

6 ¿Qué objeto tiene la mayor inercia?
(1) Una hoja que cae
(2) Una bola de softbol en vuelo
(3) Un estudiante de secundaria sentado
(4) Un globo de juguete en alza llenado de helio

7 La fuerza centrípeta F_c actúa en un carro que va alrededor de una curva. Si la rapidez del carro fuera dos veces mayor, la magnitud de la fuerza centrípeta necesaria para mantener el auto moviéndose en la misma trayectoria sería
(1) F_c (3) $\dfrac{F_c}{2}$
(2) $2F_c$ (4) $4F_c$

Note que la pregunta 8 tiene solo tres opciones.

8 El siguiente diagrama representa la trayectoria de un auto de pruebas que es manejado por un acantilado, omitiendo la fricción.

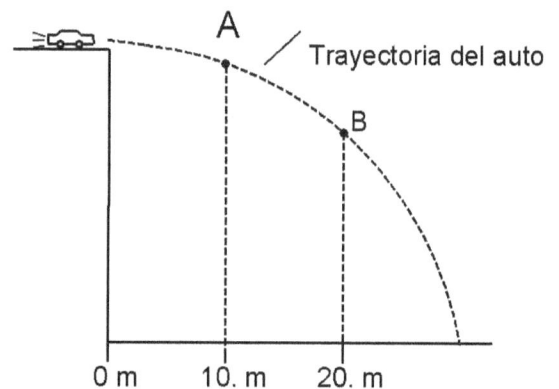

Comparado a la componente horizontal de la velocidad del auto en el punto A, la componente horizontal de la velocidad del auto en el punto B es
(1) más pequeña
(2) más grande
(3) igual

9 ¿Cuál es la potencia promedio requerida para levantar un elevador de 1.81 x 10^4 newtons 12.0 metros en 22.5 segundos?
(1) 8.04 · 10^2 W   (3) 2.17 · 10^5 W
(2) 9.65 · 10^3 W   (4) 4.89 · 10^6 W

10 Si la rapidez de un objeto en movimiento se duplica, la energía cinética del objeto se

    (1) llevada a la mitad   (3) mantiene

    (2) duplicada   (4) cuadruplicada

11 ¿Cuál declaración mejor explica porque una "sierra mojada" usada para cortar a través de cristales ópticos es lubricada constantemente con aceite?

    (1) La lubricación disminuye la fricción y minimiza el aumento de energía interna.

    (2) La lubricación disminuye la fricción y maximiza el aumento de energía interna.

    (3) La lubricación aumenta la fricción y minimiza el aumento de energía interna.

    (4) La lubricación aumenta la fricción y maximiza el aumento de energía interna.

12 El siguiente diagrama muestra una carreta de juguete que posee 16 joules de energía cinética viajando en una superficie horizontal, sin fricción hacia a un resorte horizontal.

Resorte en espiral   KE = 16 J

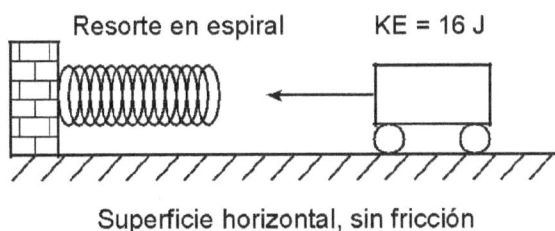

Superficie horizontal, sin fricción

Si la carreta llega a reposo tras comprimir el resorte a una distancia de 1.0 metro, ¿cuál es la constante de resorte de este resorte?

    (1) 32 N/m   (3) 8.0 N/m

    (2) 16 N/m   (4) 4.0 N/m

13 ¿Cuánto trabajo se requiere para levantar un peso de 10-newtons desde 4.0 metros hasta 40 metros por encima de la superficie de la Tierra?

    (1) 2.5 J   (3) 3.6×10^2 J

    (2) 3.6 J   (4) 4.0×10^2 J

14 ¿Cuál situación describe un sistema con energía potencial gravitacional *decreciente?*

    (1) una niña estirando un resorte horizontal

    (2) un ciclista yendo sobre una colina inclinada

    (3) un cohete elevándose verticalmente desde la Tierra

    (4) un niño saltando desde una rama de un árbol

15 Si 20 joules de trabajo se usan para transferir 20 coulombs de carga a través de un resistor de 20-ohms, la diferencia potencial a través del resistor

    (1) 1 V   (3) 0.05 V

    (2) 20 V   (4) 400 V

16 A 20°C, cuatro cables conductores hechos de distintos materiales tienen la misma longitud y el mismo diámetro. ¿Cuál cable tiene la *menor* resistencia?

    (1) aluminio   (3) nicromo

    (2) oro   (4) tungsteno

17 Tres lámparas idénticas están conectadas en paralelo entre sí. Si la resistencia de cada lámpara es X ohms, ¿cuál es la resistencia equivalente de esta combinación paralela?

    (1) $X \, \Omega$ (3) $3X \, \Omega$

    (2) $\dfrac{X}{3} \, \Omega$ (4) $\dfrac{3}{X} \, \Omega$

18 Un resistor de 2.0-ohm y un resistor de 4.0-ohm están conectados en serie con una batería de 12-voltios. Si la corriente a través del resistor de 2.0-ohms es 2.0 amperios, la corriente a través del resistor de 4.0-ohms es

    (1) 1.0 A   (3) 3.0 A

    (2) 2.0 A   (4) 4.0 A

19 El siguiente diagrama muestra un rayo de electrones disparado a través de la región que está entre dos placas paralelas opuestamente cargadas en un tubo de rayos catódicos.

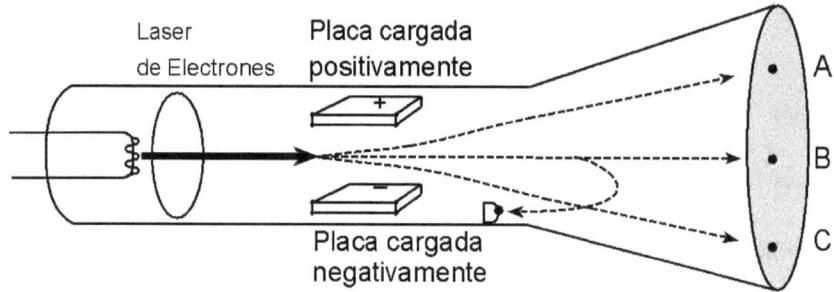

Tras pasar entre las placas cargadas, los electrones probablemente viajarán por la trayectoria

(1) A   (3) C
(2) B   (4) D

20 ¿En cuál circuito la corriente fluiría a través del resistor R_1, pero *no* a través del resistor R_2 mientras el suiche S está abierto?

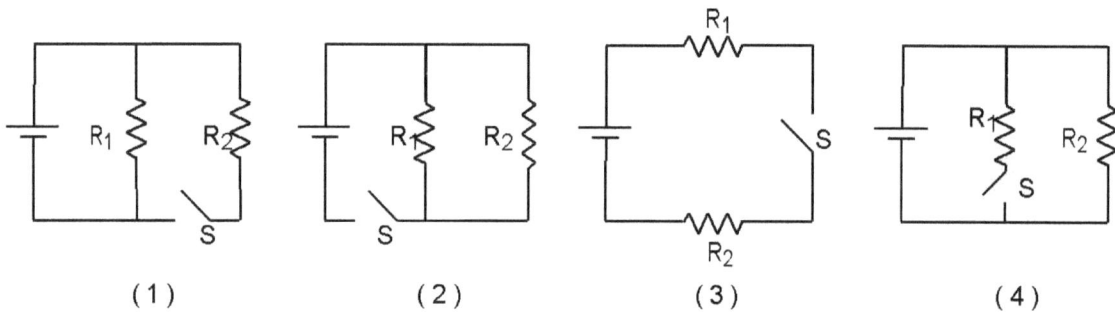

(1)   (2)   (3)   (4)

21 El siguiente diagrama representa una barra magnética de 0.5-kilogramo y una barra magnética 0.7-kilogramo con una distancia de 0.2 metro entre sus centros.

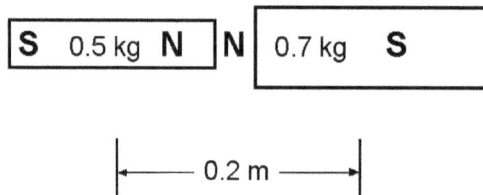

¿Cuál declaración mejor describe las fuerzas entre las barras magnéticas?

(1) Tanto la fuerza gravitacional como la fuerza magnética son repulsivas.
(2) La fuerza gravitacional es repulsiva y la fuerza magnética es atractiva.
(3) La fuerza gravitacional es atractiva y la fuerza magnética es repulsiva.
(4) Tanto la fuerza gravitacional como la fuerza magnética son atractivas.

22 La punta de un dedo humedecida y frotada alrededor del aro de una copa de vidrio causa que el vidrio vibre y produzca una nota musical. Este efecto se debe a la

(1) resonancia   (3) reflexión
(2) refracción   (4) rarefacción

23 ¿Qué tipo de onda requiere un medio material a través del cual pueda viajar?

(1) onda de radio   (3) onda de luz
(2) microonda   (4) onda mecánica

Note que la pregunta 24 solo tiene tres opciones.

24 Comparado a la rapidez de una onda sonora en el aire, la rapidez de una onda de radio en el aire es

(1) menor
(2) mayor
(3) igual

Note que la pregunta 24 solo tiene tres opciones.

25 Si la amplitud de una onda se aumenta, la frecuencia de la onda

(1) disminuirá
(2) aumentará
(3) permanecerá igual

26 ¿Cuál unidad es equivalente a metros sobre segundo?

(1) Hz•s   (3) s/Hz
(2) Hz•m   (4) m/Hz

27 ¿Cuál característica es la misma para cada color de luz en un vacío?

(1) energía   (3) rapidez
(2) frecuencia   (4) período

28 ¿Cuál es la velocidad de la luz ($f = 5.09 \times 10^{14}$ Hz) en vidrio pedernal?

(1) 1.81×10^8 m/s   (3) 3.00×10^8 m/s
(2) 1.97×10^8 m/s   (4) 4.98×10^8 m/s

29 Dos niños, mientras juegan, crean una onda estacionaria en una cuerda, como se muestra en el siguiente diagrama. Un tercer niño participa al saltar la cuerda.

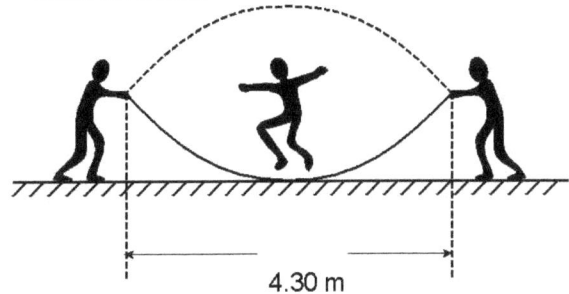

4.30 m

¿Cuál es la longitud de onda de esta onda estacionaria?

(1) 2.15 m   (3) 6.45 m
(2) 4.30 m   (4) 8.60 m

30 Un control remoto de televisión es usado para dirigir pulsos de radiación electromagnética hacia un receptor en un televisor. Esta comunicación desde el control remoto hacia el televisor ilustra que la radiación electromagnética

(1) es una onda longitudinal
(2) posee energía inversamente proporcional a su frecuencia
(3) difracta y acelera en el aire
(4) transfiere energía sin transferir masa

Note que la pregunta 31 solo tiene tres opciones.

31 Una onda que tiene una longitud de onda constante se difracta al pasar a través de una apertura en una barrera. Mientras el tamaño de la apertura se aumenta, los efectos de la difracción

(1) disminuyen
(2) aumentan
(3) permanecen igual

32 La bocina de un auto produce una onda sonora de constante frecuencia. A medida que el auto acelera lejos de un espectador estacionario, la onda sonora detectada por el espectador

(1) disminuye en amplitud y disminuye en frecuencia
(2) disminuye en amplitud y aumenta en frecuencia
(3) aumenta en amplitud y disminuye en frecuencia
(4) aumenta en amplitud y aumenta en frecuencia

33 Un electrón en un átomo de mercurio baja desde el nivel de energía f hasta el nivel de energía c al emitir un fotón que tiene una energía de

(1) 8.20 eV   (3) 2.84 eV
(2) 5.52 eV   (4) 2.68 eV

34 Si un objeto tiene una carga neta negativa de 4.0 coulombs, el objeto posee

(1) 6.3×10^{18} más electrones que protones
(2) 2.5×10^{19} más electrones que protones
(3) 6.3×10^{18} más protones que electrones
(4) 2.5×10^{19} más protones que electrones

35 Se ha encontrado que los electrones en movimiento exhiben propiedades de

(1) partículas, solamente
(2) ondas, solamente
(3) tanto partículas como onda
(4) ni partículas ni ondas

Parte B–1

Responda todas las preguntas en esta parte.

Direcciones (36–46): Para *cada* declaración o pregunta, escriba en la hoja separada de respuestas el *número* de la palabra o expresión que, de las dadas, mejor complete la declaración o responda la pregunta.

36 El peso de un típico estudiante de secundaria es lo más cercano a

(1) 1500 N   (3) 120 N

(2) 600 N   (4) 60 N

37 El siguiente diagrama muestra un camión de 1.0×10^{5}-newton en reposo en una colina que hace un ángulo de $8.0°$ con la horizontal.

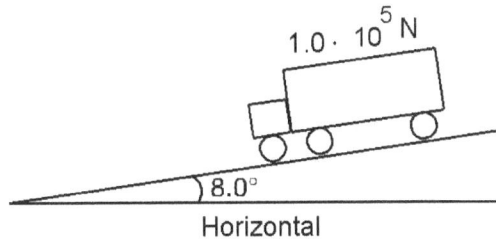

¿Cuál es la componente del peso del camión que está paralela a la colina?

(1) 1.4×10^{3} N   (3) 1.4×10^{4} N

(2) 1.0×10^{4} N   (4) 9.9×10^{4} N

38 ¿Cuál gráfica mejor representa el movimiento de un objeto en equilibrio?

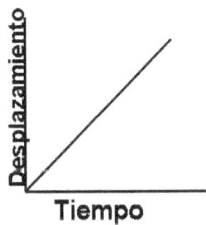 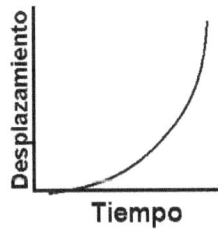 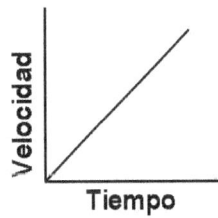 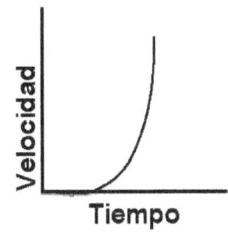

     (1)   (2)   (3)   (4)

39 Un cajón de madera es empujado a rapidez constante a través de un piso nivelado de madera. ¿Cuál gráfica mejor representa la relación entre la energía mecánica total del cajón y la duración del tiempo que el cajón es empujado?

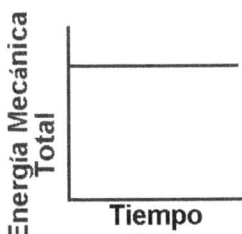 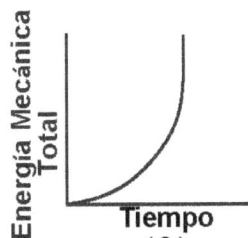 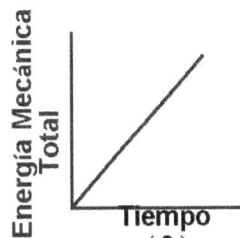 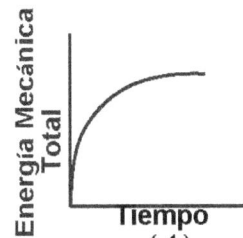

     (1)   (2)   (3)   (4)

40 Un niño hace 0.20 joules de trabajo para comprimir el resorte de un juguete. Si la masa del juguete es 0.010 kilogramo, ¿cuál es altura máxima vertical que el juguete puede alcanzar una que vez que el resorte es liberado?

(1) 20. m   (3) 0.20 m
(2) 2.0 m   (4) 0.020 m

41 Un libro de masa m cae libremente desde reposo al suelo desde el tope de un escritorio de altura h. ¿Cuál es la rapidez del libro al tocar el suelo?

(1) $\sqrt{2gh}$ (3) mgh
(2) $2gh$ (4) mh

42 En el diagrama de circuito eléctrico que sigue, las posibles ubicaciones de un amperímetro y un voltímetro están indicadas por los círculos 1, 2, 3, y 4.

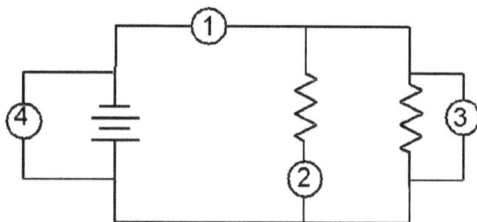

¿Dónde debería ser ubicado el amperímetro para medir correctamente la corriente total y dónde debería ser ubicado el voltímetro para medir correctamente el voltaje total?

(1) el amperímetro en 1 y el voltímetro en 4
(2) el amperímetro en 2 y el voltímetro en 3
(3) el amperímetro en 3 y el voltímetro en 4
(4) el amperímetro en 1 y el voltímetro en 2

43 ¿Cuál es la corriente en un resistor de 100-ohm conectado a una fuente de diferencia potencial de 0.40 voltio?

(1) 250 mA   (3) 2.5 mA
(2) 40. mA   (4) 4.0 mA

44 Un bombillo de 150-vatios es más brillante que un bombillo de 60-vatios cuando ambos están operando a una diferencia potencial de 110 voltios. Comparado a la resistencia de y a la corriente atraída por el bombillo de 150-vatios, el bombillo de 60-vatios tiene

(1) menos resistencia y atrae más corriente
(2) menos resistencia y atrae menos corriente
(3) más resistencia y atrae más corriente
(4) más resistencia y atrae menos corriente

45 ¿Cuál es el equipo mínimo necesitado para determinar la potencia disipada en un resistor de valor desconocido?

(1) un voltímetro, solamente
(2) un amperímetro, solamente
(3) un voltímetro y un amperímetro, solamente
(4) un voltímetro, un amperímetro, y un cronometro

46 Un rayo de luz (f = 5.09 x 10^{14} Hz) viajando en aire es incidente a un ángulo de 40° en una interfaz de vidrio crown como se muestra a continuación

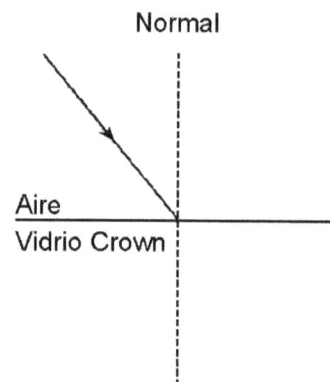

¿Cuál es el ángulo de refracción para este rayo de luz?

(1) 25°   (3) 40°
(2) 37°   (4) 78°

54 El siguiente diagrama representa un rayo de luz incidente en un espejo plano.

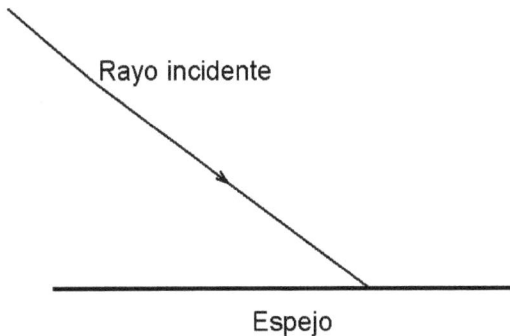

Rayo incidente

Espejo

Usando un transportador y una regla, en el diagrama *en su folleto de respuestas*, construya el rayo reflejado para el rayo incidente mostrado. [1]

55 Una onda periódica viaja a rapidez v a través del medio A. La onda pasa con toda su energía al medio B. La rapidez de la onda a través del medio B es $\frac{v}{2}$. En el diagrama *en su folleto de respuestas*, dibuje la onda mientras viaja a través del medio B. [Muestre al menos una onda completa.] [1]

56 Un láser de luz monocromática tiene una longitud de onda de 5.89×10^{-7} metro en el aire. Calcule la longitud de onda para esta luz en diamante. [Muestre todo el trabajo, incluyendo la ecuación y la sustitución con las unidades.] [2]

57 Calcule la longitud de onda de un fotón que tiene 3.26×10^{-19} joule de energía [Muestre todo el trabajo, incluyendo la ecuación y la sustitución con las unidades.] [2]

58 Una caja en el tope de una pendiente posee 981 joules más de energía gravitacional potencial de lo que posee en el fondo. Mientras la caja se desliza hacia el fondo de la pendiente, 245 joules de calor se producen. Determine la energía cinética de la caja al fondo de la pendiente. [1]

Part C

Answer all questions in this part.

Direcciones (59–72): Registre sus respuestas en los espacios previstos en su folleto de respuestas.

Base sus respuestas a las preguntas 59 y 60 en la siguiente información.

Un auto de 1200-kilogramo que se mueve 12 metros sobre segundo choca con un auto de 2300-kilogram que está esperando en reposo la luz del semáforo. Tras el choque, los autos se enlazan y se deslizan. Eventualmente, los autos combinados llegan a reposo por una fuerza de fricción cinética ya que los cauchos de goma se deslizan a través de la superficie nivelada de asfalto seco.

59 Calcule la rapidez de los autos enlazadas inmediatamente después del choque. [Muestre todo el trabajo, incluyendo la ecuación y la sustitución con las unidades.] [2]

60 Calcule la magnitud de la fuerza friccional que trae a los autos enlazados al reposo. [Muestre todo el trabajo, incluyendo la ecuación y la sustitución con las unidades.] [2]

Base sus respuestas a las preguntas de la 61 a la 63 en la siguiente información.

Los centros de dos partículas pequeñas cargadas están separadas por una distancia de 1.2×10^{-4} metro. Las cargas en las partículas son $+8.0 \times 10^{-19}$ coulomb y $+4.8 \times 10^{-19}$ coulomb, respectivamente.

61 Calcule la magnitud de la fuerza electroestática entre estas dos partículas. [Muestre todo el trabajo, incluyendo la ecuación y la sustitución con las unidades.] [2]

62 En los ejes *en su folleto de respuestas*, dibuje una gráfica que muestre la relación entre la magnitud de la fuerza electroestática entre las dos partículas cargadas y la distancia entre los centros de las partículas. [1]

63 En el diagrama *en su folleto de respuestas*, dibuje *al menos cuatro* líneas de campo eléctrico en la región entre dos partículas cargadas positivamente. [1]

Base sus respuestas a las preguntas de la 64 a la 66 en la siguiente información.

Un barco de investigación estacionario usa un sonar para enviar a una onda sonora de 1.18×10^3-hertz hacia lo profundo del agua del océano. La onda sonora reflejada desde el fondo del océano 324 metros por debajo del barco es detectada 0.425 segundo después de que fue enviada desde el barco.

64 Calcule la rapidez de la onda sonora en el agua del océano. [Muestre todo el trabajo, incluyendo la ecuación y la sustitución con las unidades.] [2]

65 Calcule la longitud de onda de la onda sonora en el agua de océano. [Muestre todo el trabajo, incluyendo la ecuación y la sustitución con las unidades.] [2]

66 Determine el período de la onda sonora en el agua de océano. [1]

_____

Base sus respuestas a las preguntas de la 67 a la 69 en la siguiente información.

Un resistor de 5.0-ohm, un resistor de 10.0-ohm, y un resistor de 15.0-ohm están conectados en paralelo con una batería. La corriente a través del resistor de 5.0-ohm es 2.4 amperios.

67 En el espacio *en su folleto de respuestas*, usando los símbolos de circuitos encontrados en las *Tablas de Referencias para Entornos Físicos/Físicos*, dibuje un diagrama de este circuito eléctrico. [1]

68 Calcule la cantidad de energía eléctrica realizada en el resistor de 5.0-ohm en 2.0 minutos. [Muestre todo el trabajo, incluyendo la ecuación y la sustitución con las unidades.] [2]

69 Un resistor de 20.0-ohm es añadido al circuito en paralelo con los otros resistores. Describa el efecto de la adición que este resistor tiene en la cantidad de energía eléctrica realizada en el resistor de 5.0-ohm en 2.0 minutos. [1]

_____

Base sus respuestas a las preguntas de la 70 a la 72 en el siguiente fragmento.

Por años, los físicos teóricos han estado refinando un método matemático llamado cromodinámica cuántica en el retículo para que los habilite a predecir las masas de las partículas que consisten de varias combinaciones de quarks y antiquarks. Recientemente usaron la teoría para calcular la masa de la partícula rara B_c, que consiste de un quark encantado y un antiquark fondo. La masa predicha de la partícula B_c fue alrededor de seis veces más que la masa de un protón.

Poco tiempo después que la predicción fue hecha, los físicos que estaban trabajando en el Laboratorio Nacional de Fermi, Fermilab, fueron capaces de medir la masa de la partícula B_c experimentalmente y encontraron que la misma era consistente con la predicción teórica hasta unas décimas de un por ciento. En el experimento, los físicos enviaron rayos de protones y antiprotones moviéndose a 99.999% de la velocidad de la luz en direcciones opuestas alrededor de un anillo de radio de 1.0 kilómetro. Los protones y antiprotones fueron mantenidos en trayectorias circulares por potentes electroimanes. Cuando los protones y los antiprotones chocaron, su energía produjó grandes números de nuevas partículas, incluyendo la elusiva B_c.

Estos resultados indican la cromodinámica cuántica en el retículo es una gran herramienta, no solo por confirmar las masas de las partículas existentes, sino también por predecir las masas de partículas que están por ser descubiertas en el laboratorio.

70 Identifique la clase de materia a la que la partícula B_c. [1]

71 Determine tanto el signo como la magnitud de la carga de la partícula B_c en cargas elementales. [1]

72 Explique cómo es posible que al chocar un protón y un antiprotón se produzcan una partícula con seis veces la masa de cada uno. [1]

La Universidad del Estado de Nueva York

EVALUACIÓN DE SECUNDARIA NIVEL REGENTS

ENTORNOS FÍSICOS
FÍSICA

Miércoles, 24 de Junio, 2009 — solo de 9:15 a.m. a 12:15 p.m.

La hoja de respuestas para la Parte A y la Parte B-1 es la última página de este folleto evaluativo. Diríjase a la última página y dóblela siguiendo las perforaciones. Luego, lenta y cuidadosamente, rompa la hoja de respuestas y llene el encabezado.

Las respuestas a las preguntas en la Parte B-2 y la Parte C serán escritas en su folleto separado de respuestas. Asegúrese de llenar el encabezado en el frente de su folleto de respuestas.

Usted responderá *todas* las preguntas en todas las partes de esta evaluación de acuerdo a las direcciones previstas en el folleto evaluativo. Registre sus respuestas a las preguntas de opción múltiple de la Parte A y la Parte B-1 en su hoja separada de respuestas. Escriba sus respuestas a las preguntas en la Parte B-2 y la Parte C en su folleto de respuestas. Todo el trabajo deberá ser escrito en bolígrafo, excepto por las gráficas y los dibujos, los cuales deberán ser hechos en lápiz. Usted podrá usar trozos de papel para resolver algunas preguntas, pero asegúrese de registrar todas sus respuestas en la hoja de respuestas y el folleto de respuestas.

Una vez que haya completado la evaluación, usted debe firmar la declaración impresa al final de su hoja separada de respuestas, indicando que usted no tuvo conocimiento ilegal de las preguntas o las respuestas previo a la evaluación y que usted no dio ni recibió ayuda respondiendo ninguna de las preguntas durante la evaluación. Su hoja de respuestas y su folleto de respuestas no podrán ser aceptados si usted no firma esta declaración.

Notése. . .

Una calculadora gráfica o científica, una regla de centímetros, un transportador, y una copia de la *Edición de 2006 de las Tablas de Referencia para Entornos Físicos/Física,* la cual podrá necesitar para responder algunas de las preguntas en esta evaluación, deberán estar disponibles para su uso mientras realiza esta evaluación.

El uso de cualquier dispositivo de comunicación está estrictamente prohibido mientras realiza esta evaluación. Si usted usa algún dispositivo de comunicación, independientemente de lo corto de su uso, su evaluación será invalidada y no se le calculará puntuación.

NO ABRA ESTE FOLLETO EVALUATIVO HASTA QUE LA SEÑAL SEA DADA.

Parte A

Responda todas las preguntas en esta parte.

Direcciones (1–35): Para *cada* declaración o pregunta, escriba en la hoja separada de respuestas el *número* de la palabra o expresión que, de las dadas, mejor complete la declaración o responda la pregunta.

1 En una autopista, un auto es manejado 80 kilómetros durante la primera hora de viaje, 50 kilómetros durante la siguiente media hora, y 40 kilómetros en la media hora final. ¿Cuál es la rapidez promedio del auto por todo el viaje?

(1) 45 km/h   (3) 85 km/h

(2) 60. km/h   (4) 170 km/h

2 El siguiente diagrama de vector representa la componente, F_H, y la componente vertical, Fv, de una fuerza de 24-newtons actuando a 35° por encima de la horizontal.

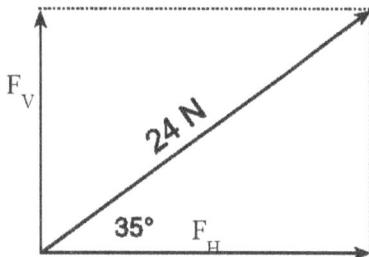

¿Cuáles son las magnitudes de la componente horizontal y la componente vertical?

(1) F_H = 3.5 N y F_V = 4.9 N

(2) F_H = 4.9 N y F_V = 3.5 N

(3) F_H = 14 N y F_V = 20. N

(4) F_H = 20. N y F_V = 14 N

3 ¿Qué cantidad es un vector?

(1) impulso   (3) rapidez

(2) potencia   (4) tiempo

4 Un tren muy rápido en Japón viaja una distancia de 300 kilómetros en 3.60×10^3 segundos. ¿Cuál es la rapidez promedio de este tren?

(1) 1.20×10^{-2} m/s   (3) 12.0 m/s

(2) 8.33×10^{-2} m/s   (4) 83.3 m/s

5 Un peso de 25-newtons cae libremente desde reposo desde el techo de un edificio. ¿Cuál es la distancia total que el peso cae en el primero 1.0 segundo?

(1) 19.6 m   (3) 4.9 m

(2) 9.8 m   (4) 2.5 m

6 A una bola de golf se le da una rapidez inicial de 20 metros sobre segundo y regresa a nivel del suelo. ¿Cuál ángulo de lanzamiento por encima del nivel del suelo resulta en que la bola viaje la mayor distancia horizontal? [Omita fricción.]

(1) 60.°   (3) 30.°

(2) 45°   (4) 15°

Base sus respuestas a las preguntas 7 y 8 en la siguiente información.

Un carrito viaja alrededor de una pista plana, horizontal y circular con un radio de 25 metros. La masa del carrito con el piloto es 200 kilogramos. La magnitud de la fuerza centrípeta máxima ejercida por la pista en el carrito es 1200 newtons.

7 ¿Cuál es la rapidez máxima que el carrito de 200 kilogramos puede viajar sin salirse de la pista?

(1) 8.0 m/s   (3) 150 m/s

(2) 12 m/s   (4) 170 m/s

8 ¿Qué cambio aumentaría la rapidez máxima a la cual el carrito podría viajar sin salirse de esta pista?

(1) Disminuir el coeficiente de fricción entre el carrito y la pista.

(2) Disminuir el radio de la pista.

(3) Aumentar el radio de la pista.

(4) Aumentar la masa del carrito.

9 Una carreta de 0.50 kilogramo está rodando a una rapidez de 0.40 metro sobre segundo. Si la rapidez de la carreta se duplica, la inercia de la carreta es

(1) llevada a la mitad   (3) cuadruplicada

(2) duplicada   (4) no cambia

10 Dos fuerzas, F_1 y F_2, son aplicadas a un bloque en una superficie horizontal, sin fricción como se muestra a continuación.

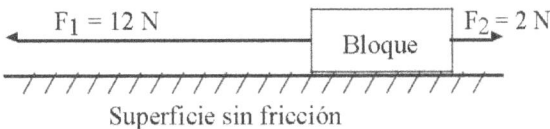

F₁ = 12 N   Bloque   F₂ = 2 N

Superficie sin fricción

Si la magnitud de la aceleración del bloque es 2.0 metros sobre segundo^2, ¿cuál es la masa del bloque?

(1) 1 kg   (3) 6 kg

(2) 5 kg   (4) 7 kg

11 ¿Cuál cuerpo está en equilibrio?

(1) un satélite orbitando la Tierra en una órbita circular

(2) una bola cayendo libremente hacia la superficie de la Tierra

(3) un carro moviéndose con una rapidez constante a lo largo de una carretera recta y nivelada

(4) un proyectil en el punto más alto de su trayectoria

12 ¿Cuál es el peso de un objeto de 2.00-kilogramos en la superficie de la Tierra?

(1) 4.91 N   (3) 9.81 N

(2) 2.00 N   (4) 19.6 N

13 Un ciclista de 70 kilogramos desarrolla 210 vatios de potencia mientras pedalea a una velocidad constante de 7.0 metros sobre segundo hacia el este. ¿Cuál fuerza promedio es ejercida hacia al este en la bicicleta para mantener esta rapidez constante?

(1) 490 N   (3) 3.0 N

(2) 30. N   (4) 0 N

14 Con respecto a la Tierra, la energía potencial gravitacional que posee un objeto es dependiente de esta parte del objeto

(1) la aceleración   (3) la posición

(2) el momento   (4) la rapidez

Note que la pregunta 15 solo tiene 3 opciones.

15 Al momento que una bola cae libremente hacia el suelo, su energía mecánica total

(1) disminuye

(2) aumenta

(3) permanece igual

16 Un resorte con una constante de resorte de 4.0 newtons por metro es comprimido por una fuerza de 1.2 newtons. ¿Cuál es la energía potencial elástica total acumulada en este resorte comprimido?

(1) 0.18 J   (3) 0.60 J

(2) 0.36 J   (4) 4.8 J

17 Una distancia de 1.0 metro separa los centros de dos esferas pequeñas cargadas. Las esferas ejercen la fuerza gravitacional F_g y la fuerza electroestática F_e entre sí. Si la distancia entre los centros de las esferas se aumenta a 3.0 metros, la fuerza gravitacional y la fuerza electroestática, respectivamente, podrían ser representadas como

(1) $\dfrac{F_g}{9}$ y $\dfrac{F_e}{9}$ (3) $3F_g$ y $3F_e$

(2) $\dfrac{F_g}{3}$ y $\dfrac{F_e}{3}$ (4) $9F_g$ y $9F_e$

18 La resistencia eléctrica de una conductor metálico es inversamente proporcional a su

(1) temperatura   (3) área transversal

(2) longitud   (4) resistividad

19 En un circuito eléctrico simple, un resistor de 24-ohm se conecta a través de una batería de 6.0-voltios. ¿Cuál es la corriente en el circuito?

(1) 1.0 A   (3) 140 A

(2) 0.25 A   (4) 4.0 A

20 Una lámpara de 100.-vatios operativa está conectada a un tomacorriente de 120-voltios. ¿Cuál es la energía eléctrica total usada por lámpara en 60 segundos?

(1) 0.60 J   (3) 6.0×10^3 J

(2) 1.7 J   (4) 7.2×10^3 J

21 Un rayo de electrones es dirigido hacia un campo eléctrico entre dos placas paralelas opuestamente cargadas, como se muestra en el siguiente diagrama.

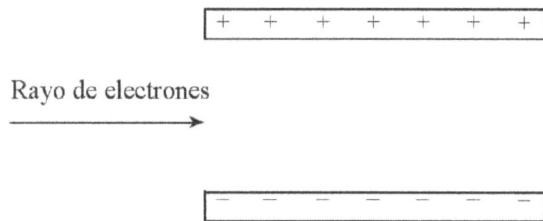

```
+  +  +  +  +  +  +
```

Rayo de electrones
→

```
−  −  −  −  −  −
```

La fuerza electroestática ejercida en los electrones por el campo eléctrico es dirigida

(1) hacia la página
(2) afuera de la página
(3) hacia el fondo de la página
(4) hacia lo más alto de la página

22 Cuando dos imanes anulares son colocadas en un lápiz, el imán *A* permanece suspendido por encima del imán *B*, como se muestra a continuación.

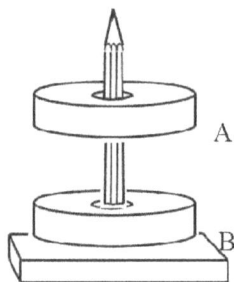

¿Cuál declaración describe la fuerza gravitacional y la fuerza magnética actuando en el imán *A* debido al imán *B*?

(1) La fuerza gravitacional es atractiva y la fuerza magnética es repulsiva.
(2) La fuerza gravitacional es repulsiva y la fuerza magnética es atractiva.
(3) Tanto la fuerza gravitacional como la fuerza magnética son atractivas.
(4) Tanto la fuerza gravitacional como la fuerza magnética son repulsivas.

23 ¿Qué color de luz tiene una longitud de onda de 5.0×10^{-7} metro en el aire?

(1) azul
(2) verde
(3) anaranjado
(4) violeta

24 ¿Qué tipo de onda requiere atravesar un medio material para viajar?

(1) sonido
(2) radio
(3) televisión
(4) rayo x

25 Una onda periódica es producida por un diapasón vibrante. La amplitud de la onda sería mayor si el diapasón fuese

(1) golpeado más suave
(2) golpeado más fuerte
(3) reemplazado por un diapasón de menor frecuencia
(4) reemplazado por un diapasón de mayor frecuencia

26 La onda sonora producida por una trompeta tiene una frecuencia de 440 hertz. ¿Cuál es la distancia entre las sucesiones compresiones en esta onda sonora mientras viaja a través del aire en STP?

(1) 1.5×10^{-6} m
(2) 0.75 m
(3) 1.3 m
(4) 6.8×10^{5} m

27 El siguiente diagrama representa un rayo de luz golpeando el límite entre el aire y el vidrio.

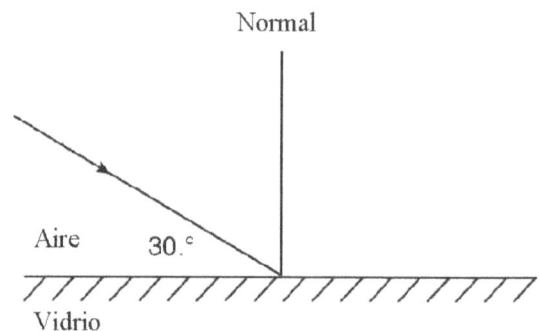

¿Cuál sería el ángulo entre este rayo de luz y su rayo reflejado?

(1) 30.°
(2) 60.°
(3) 120.°
(4) 150.°

28 ¿En qué manera la luz azul cambia al viajar desde el diamante hasta el vidrio de tipo crown?

(1) Su frecuencia disminuye.
(2) Su frecuencia aumenta.
(3) Su rapidez disminuye.
(4) Su rapidez aumenta.

29 El siguiente diagrama muestra dos pulsos acercándose el uno al otro en un medio uniforme.

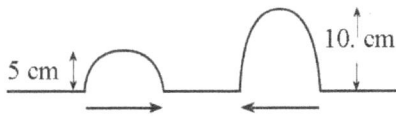

¿Cuál diagrama mejor representa la superposición de los dos pulsos?

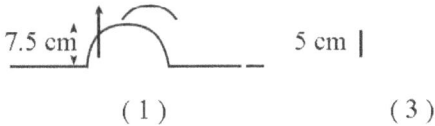

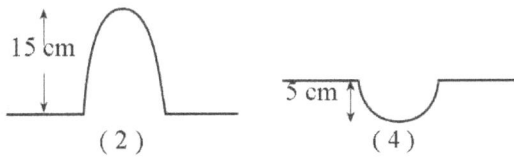

30 Las ondas de sonido golpean un vidrio, causando que se rompa. Este fenómeno ilustra

(1) resonancia
(2) refracción
(3) reflexión
(4) difracción

31 Una partícula alfa consiste de dos protones y dos neutrones. ¿Cuál es la carga de una partícula alfa?

(1) 1.25×10^{19} C
(2) 2.00 C
(3) 6.40×10^{-19} C
(4) 3.20×10^{-19} C

32 Un electrón en el nivel c de un átomo de mercurio regresa al estado fundamental. ¿Cuál energía de fotón *no* podrá ser emitida por el átomo durante este proceso?

(1) 0.22 eV
(2) 4.64 eV
(3) 4.86 eV
(4) 5.43 eV

33 ¿Qué fenómeno provee evidencia que la luz tiene una naturaleza de onda?

(1) la emisión de luz desde la transición de un nivel de energía en un átomo de hidrógeno
(2) la difracción de luz pasando a través de una apertura estrecha
(3) la absorción de luz hecha por una hoja negra de papel
(4) la reflexión de luz de un espejo

34 Cuando la Tierra y la Luna están separadas por una distancia de 3.84×10^8 metros, la magnitud de la fuerza gravitacional de atracción entre ellas es 2.0×10^{20} newtons. ¿Cuál sería la magnitud de esta fuerza gravitacional de atracción si la Tierra y la Luna estuviesen separadas por una distancia de 1.92×10^8 metros?

(1) 5.0×10^{19} N
(2) 2.0×10^{20} N
(3) 4.0×10^{20} N
(4) 8.0×10^{20} N

35 Las partículas en un núcleo se mantienen juntas principalmente por la

(1) fuerza fuerte
(2) fuerza gravitacional
(3) fuerza electroestática
(4) fuerza magnética

Parte B–1

Responda todas las preguntas en esta parte.

Direcciones (36–47): Para *cada* declaración o pregunta, escriba en la hoja separada de respuestas el *número* de la palabra o expresión que, de las dadas, mejor complete la declaración o responda la pregunta.

36 El trabajo hecho en levantar una manzana un metro cerca de la superficie de la Tierra es aproximadamente

(1) 1 J   (3) 100 J
(2) 0.01 J   (4) 1000 J

Base sus respuestas a las preguntas 37 y 38 en la siguiente gráfica, la cual representa el movimiento de un auto durante un intervalo de tiempo de 6.0 segundos.

Velocidad vs. Tiempo

37 ¿Cuál es la aceleración del auto cuando t = 5.0 segundos?

(1) 0.0 m/s^2 (3) 2.5 m/s^2
(2) 2.0 m/s^2 (4) 10. m/s^2

38 ¿Cuál es la distancia total viajada por el auto durante este intervalo de tiempo de 6.0-segundos?

(1) 10. m   (3) 40. m
(2) 20. m   (4) 60. m

39 Una persona que pesa 785 newtons en la superficie de la Tierra pesaría 298 newtons en la superficie de Marte. ¿Cuál es la magnitud de la intensidad del campo gravitacional en la superficie de Marte?

(1) 2.63 N/kg   (3) 6.09 N/kg
(2) 3.72 N/kg   (4) 9.81 N/kg

40 Una motocicleta siendo manejada en un camino lleno de tierra choca con una roca. Su ciclista de 60.-kilogramos es lanzado sobre los manubrios a 20 metros sobre segundo hacia un pajar. Si el ciclista alcanza el reposo en 0.50 segundo, la magnitud de la fuerza promedio ejercida en el ciclista por el pajar es

(1) 6.0×10^1 N   (3) 1.2×10^3 N
(2) 5.9×10^2 N   (4) 2.4×10^3 N

Base sus respuestas a las preguntas 41 y 42 en la siguiente información.

Un niño empuja su vagón a rapidez constante a lo largo de una acera. La siguiente gráfica representa la relación entre la fuerza horizontal ejercida por el niño y la distancia que se mueve el vagón.

Fuerza vs. Distancia

41 ¿Cuál es el trabajo total hecho por el niño al empujar el vagón 4.0 metros?

(1) 5.0 J   (3) 120 J
(2) 7.5 J   (4) 180 J

42 Al niño empujar el vagón, ¿qué le sucede a la energía del vagón?

(1) La energía gravitacional potencial aumenta.
(2) La energía gravitacional potencial disminuye.
(3) La energía interna aumenta.
(4) La energía interna disminuye.

43 ¿Cuál es una unidad SI para el trabajo hecho en un objeto?

(1) $\dfrac{\text{kg} \bullet \text{m}^2}{\text{s}^2}$

(3) $\dfrac{\text{kg} \bullet \text{m}}{\text{s}}$

(2) $\dfrac{\text{kg} \bullet \text{m}^2}{\text{s}}$

(4) $\dfrac{\text{kg} \bullet \text{m}}{\text{s}^2}$

44 El momento de un fotón, p, es dado por la ecuación $p = \dfrac{h}{\lambda}$ donde h es la constante de Planck y λ es la longitud de onda del fotón. ¿Cuál ecuación representa correctamente la energía de un fotón en términos de su momento?

(1) $E_{fotón} = phc$

(3) $E_{fotón} = \dfrac{p}{c}$

(2) $E_{fotón} = \dfrac{hp}{c}$

(4) $E_{fotón} = pc$

45 Una diferencia potencial constante es aplicada a través de un resistor variable mantenido a temperatura constante. ¿Cuál de las gráficas mejor representa la relación entre la resistencia del resistor variable y la corriente a través de él?

(1)

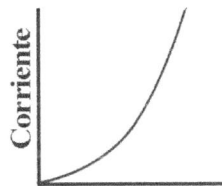

(3)

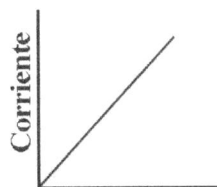

(2)

(4)

46 Un resistor de 3.0-ohm y un resistor de 6.0-ohm están conectados en series en un circuito eléctrico operativo. Si la corriente a través del resistor de 3.0-ohm es de 4.0 amperios, ¿cuál es la diferencia potencial a través del resistor de 6.0-ohm?

(1) 8.0 V   (3) 12 V
(2) 2.0 V   (4) 24 V

47 ¿Cuál combinación de resistores tiene la resistencia equivalente *más pequeña*?

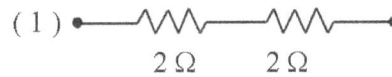

(1)

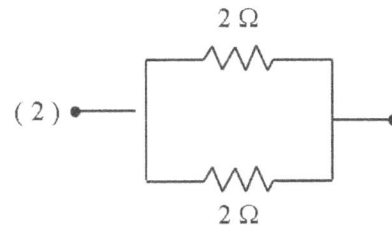

(2)

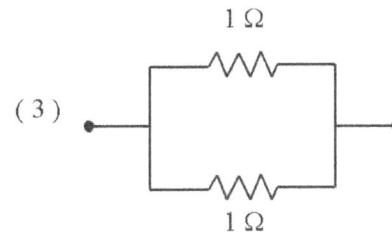

(3)

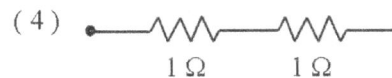

(4)

Responda todas las preguntas en esta parte.

Direcciones (48–59): Registre sus respuestas en los espacios previstos en su folleto de respuestas.

48 Una carreta viaja 4.00 metros hacia el este y luego 4.00 metros hacia el norte. Determine la magnitud de desplazamiento resultante de la carreta. [1]

49 Un jugador de hockey de 70 kilogramos patinando hacia el este en una pista de hielo lo golpea un disco de hockey de 0.1 kilogramo moviéndose hacia el oeste. El disco ejerce una fuerza de 50 newtons hacia el oeste en el jugador. Determine la magnitud de la fuerza que el jugador ejerce en el disco durante esta colisión. [1]

50 En una carretera cubierta de nieve, un auto con una masa de 1.1×10^3 kilogramos choca de frente con una van que tiene una masa de 2.5×10^3 kilogramos viajando a 8.0 metros sobre segundo. Como resultado del choque, los vehículos se juntan entre sí e inmediatamente se ponen en reposo. Calcule la rapidez del auto inmediatamente antes del choque. [Omita fricción.] [Muestre todo el trabajo, incluyendo la ecuación y la sustitución con las unidades.] [2]

51 Un bebé con su coche tienen una masa total de 20 kilogramos. Una fuerza de 36 newtons mantiene el coche moviéndose en un camino circular con un radio de 5.0 metros. Calcule la rapidez a la cual el coche se mueve alrededor del círculo. [Muestre todo el trabajo, incluyendo la ecuación y la sustitución con las unidades.] [2]

52 Una fuerza de 10 newtons comprime un resorte 0.25 metro desde su posición en equilibrio. Calcule la constante de resorte de este resorte. [Muestre todo el trabajo, incluyendo la ecuación y la sustitución con las unidades.] [2]

53 Dos placas de metal paralelas cargadas opuestamente, apartadas 1.00 centímetro, ejercen una fuerza con una magnitud de 3.60×10^{-15} newton en un electrón colocado entre las placas. Calcule la magnitud de la intensidad del campo eléctrico entre las placas. [Muestre todo el trabajo, incluyendo la ecuación y la sustitución con las unidades.] [2]

54 En el diagrama *en su folleto de respuestas,* dibuje *al menos cuatro* líneas de campo eléctrico con flechas que representen el campo eléctrico alrededor de una esfera conductora negativamente cargada. [1]

55 En el espacio *en su folleto de respuestas,* dibuje un diagrama de un circuito operativo que incluya:

• una batería como una fuente de diferencia potencial
• *dos* resistores en paralelo el uno al otro
• un amperímetro que lea la corriente total en el circuito [2]

56 Calcule la resistencia de una tostadora de 900.- vatios operando a 120 voltios. [Muestre todo el trabajo, incluyendo la ecuación y la sustitución con las unidades.] [2]

57 Un estudiante y un maestro de física mantienen extremos opuestos de un resorte horizontal estirado desde oeste a este a lo largo de un tope de mesa. Identifique las direcciones en la cual el estudiante debería vibrar el extremo del resorte para producir ondas periódicas transversales. [1]

Base sus respuestas a las preguntas 58 y 59 en la información y el diagrama que sigue.

Las líneas verticales en el diagrama representan compresiones en una onda de sonido de frecuencia constante propagándose hacia la derecha desde un altavoz hacia un observador en el punto *A*.

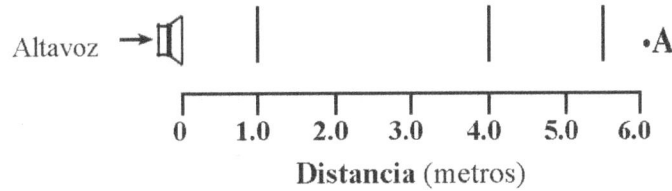

Altavoz →◀| | | | •**A**

| 0   1.0   2.0   3.0   4.0   5.0   6.0

Distancia (metros)

58 Determine la longitud de onda de esta onda de sonido. [1]

59 Luego, el altavoz se mueve a rapidez constante hacia el observador en *A*. Compare la longitud de onda de la onda de sonido recibida por el observador mientras que el altavoz se mueve hacia la longitud de onda observada cuando el altavoz estaba en reposo. [1]

Responda todas las preguntas en esta parte.

Direcciones (60–72): Registre sus respuestas en los espacios previstos en su folleto de respuestas.

Base sus respuestas a las preguntas de la 60 a la 62 en la siguiente información.

El camino de un auto de acrobacias manejado horizontalmente por el precipicio de un acantilado es representado en el siguiente diagrama. Tras dejar el acantilado, el auto cae libremente en el punto A en 0.50 segundo y en el punto B en 1.00 segundo.

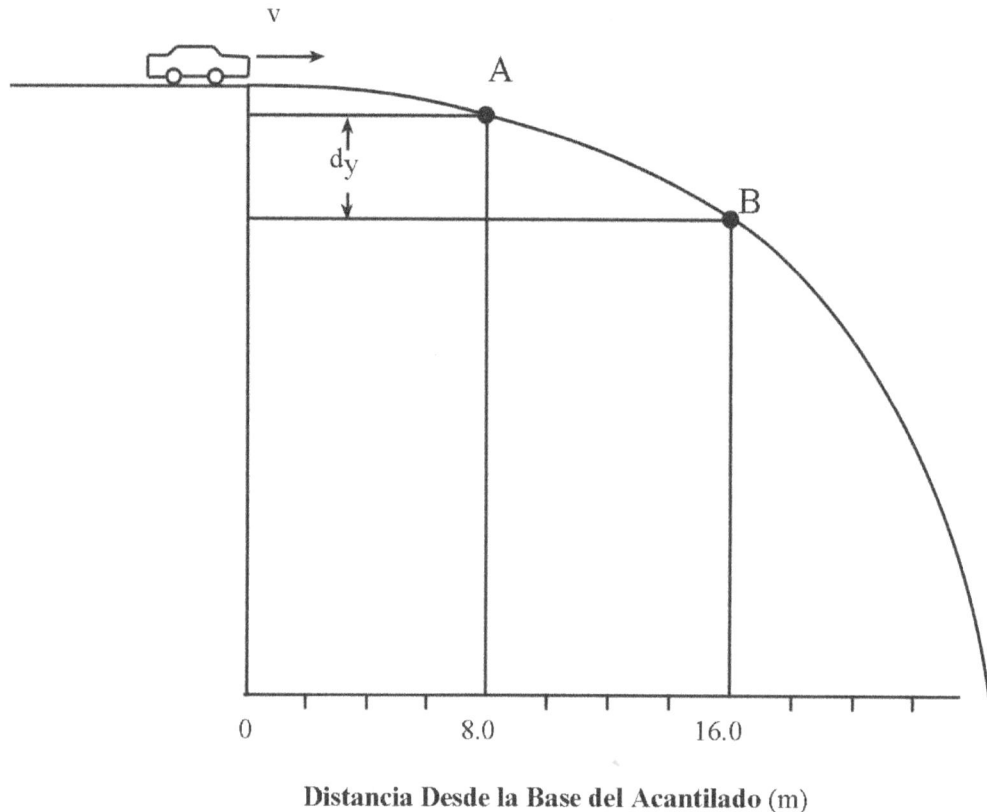

v

A

d_y

B

0   8.0   16.0

Distancia Desde la Base del Acantilado (m)

60 Determine la magnitud de la componente horizontal de la velocidad del auto en el punto B. [Omita fricción.] [1]

61 Determine la magnitud de la velocidad vertical del auto en el punto A. [1]

62 Calcule la magnitud del desplazamiento vertical, d_y, del auto desde el punto A hasta el punto B. [Omita fricción.] [Muestre todo el trabajo, incluyendo la ecuación y la sustitución con las unidades.] [2]

Base sus respuestas a las preguntas de la 63 a la 65 en la siguiente información.

Un auto para montañas rusas tiene una masa de 290 kilogramos. Comenzando desde reposo, el auto adquiere 3.13×10^5 joules de energía cinética al descender hacia el fondo de una colina en 5.3 segundos.

63 Calcule la altura de la colina. [Omita fricción.] [Muestre todo el trabajo, incluyendo la ecuación y la sustitución con las unidades.] [2]

64 Calcule la rapidez del auto para montañas rusas en el fondo de la colina. [Muestre todo el trabajo, incluyendo la ecuación y la sustitución con las unidades.] [2]

65 Calcule la magnitud de la aceleración promedio del auto para montaña rusa mientras desciende hacia el fondo de la colina. [Muestre todo el trabajo, incluyendo la ecuación y la sustitución con las unidades.] [2]

Base sus respuestas a las preguntas 66 y 67 en la siguiente información.

Un extremo de una soga está conectado a un taladro de rapidez variable y el otro extremo está conectado a una masa de 5.0-kilogramos. La soga está colgada sobre un gancho en una pared opuesta al taladro. Cuando el taladro rota a una frecuencia de 20.0 Hz, se dan ondas estacionarias de la misma frecuencia en la soga. El siguiente diagrama muestra dicho patrón de ondas.

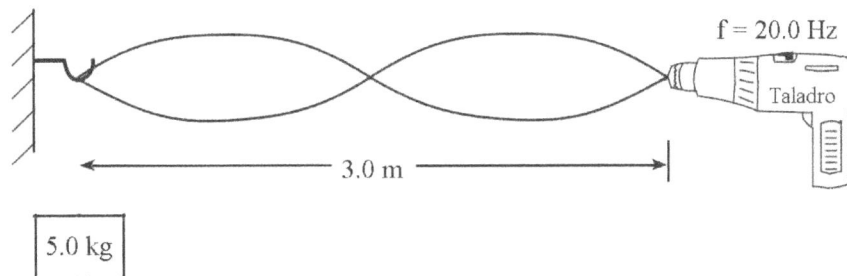

66 Determine la longitud de ondas de las ondas produciendo el patrón de ondas estacionarias. [1]

67 Calcule la rapidez de la onda en la soga. [Muestre todo el trabajo, incluyendo la ecuación y la sustitución con las unidades.] [2]

Base sus respuestas a las preguntas 68 y 69 en la siguiente información.

Un rayo de luz monocromática (f = 5.09×10^{14} Hz) pasa del aire al Lucite a un ángulo de incidencia de 30°.

68 Calcule el ángulo de refracción en el Lucite. [Muestre todo el trabajo, incluyendo la ecuación y la sustitución con las unidades.] [2]

69 Usando un transportador y una regla, en el diagrama *en su folleto de respuestas,* dibuje el rayo refractado en el Lucite. [1]

Base sus respuestas a las preguntas de la 70 a la 72 en la siguiente información.

Un fotón con una frecuencia de 5.48×10^{14} hertz es emitido cuando un electrón en un átomo de mercurio cae a un nivel de energía menor.

70 Identifique el color de luz asociado con este fotón. [1]

71 Calcule la energía de este fotón en joules. [Muestre todo el trabajo, incluyendo la ecuación y la sustitución con las unidades.] [2]

72 Determine la energía de este fotón en electronvoltios. [1]

La Universidad del Estado de Nueva York

EVALUACIÓN DE SECUNDARIA NIVEL REGENTS

ENTORNOS FÍSICOS
FÍSICA

Martes, 22 de Junio, 2010 — sólo de 9:15 a.m. a 12:15 p.m.

Las respuestas a *todas* las preguntas en esta evaluación serán escritas en su folleto separado de respuestas. Asegúrese de llenar el encabezado en el frente de su folleto de respuestas.

Usted responderá todas las preguntas en todas las partes de esta evaluación de acuerdo a las direcciones previstas en este folleto evaluativo. Todo el trabajo deberá ser escrito en bolígrafo, excepto por los gráficos y los dibujos, los cuales deberán ser hechos en lápiz. Usted podrá usar trozos de papel para resolver las respuestas a las preguntas, pero asegúrese de registrar todas sus respuestas en el folleto evaluativo.

Una vez que haya completado la evaluación, usted deberá firmar la declaración impresa en la primera página de su folleto de respuestas, indicando que no tuvo conocimiento ilegal de las preguntas o de las respuestas previo a la evaluación y que usted no dio ni recibió asistencia respondiendo ninguna de las preguntas durante la evaluación. Su folleto de respuestas no podrá ser aceptado si usted no firma esta declaración.

Notése. . .

Una calculadora científica o gráfica, una regla por centímetros, un transportador, y una copia de la *Edición de 2006 de las Tablas de Referencia para Entornos Físicos/Física*, la cual podrá usar para responder algunas de las preguntas en esta evaluación, deberá estar disponible para su uso mientras realiza esta evaluación.

El uso de cualquier dispositivo de comunicación está estrictamente prohibido mientras realiza esta evaluación. Si usted usa cualquier dispositivo de comunicación, independientemente de lo corto de su uso, su evaluación será invalidada y ninguna puntuación se le calculará.

NO ABRA ESTE FOLLETO EVALUATIVO HASTA QUE SEA DADA LA SEÑAL.

Parte A

Responda todas las preguntas en esta parte.

Direcciones (1–35): Para *cada* declaración o pregunta, escriba en su folleto de respuestas el *número* de la palabra o expresión que, de las dadas, mejor complete la declaración o responda la pregunta.

1 Un jugador de béisbol corre 27.4 metros desde la caja de bateo hasta primera base, se pasa de la primera base por 3.0 metros, y luego regresa a la primera base. Comparado a la distancia total viajada por el jugador, la magnitud del desplazamiento total del jugador desde la caja de bateo es

(1) 3.0 m más corta   (3) 3.0 m más larga
(2) 6.0 m más corta   (4) 6.0 m más larga

2 Un bote de motor, la cual tiene una rapidez de 5.0 metros sobre segundo en aguas quietas, se dirige hacia el este al pasar un rio que fluye hacia el sur a 3.3 metros sobre segundo. ¿Cuál es la magnitud de la velocidad resultante del bote con respecto a su punto de inicio?

(1) 3.3 m/s   (3) 6.0 m/s
(2) 5.0 m/s   (4) 8.3 m/s

3 Un carro viajando en una carretera recta a 15 metros sobre segundo acelera uniformemente hacia una rapidez de 21 metros sobre segundo en 12 segundos. La distancia total viajada por el carro en este intervalo de tiempo de 12 segundos es

(1) 36.0 m   (3) 216 m
(2) 180. m   (4) 252 m

4
Una bola de béisbol de 0.149 kilogramo, inicialmente moviéndose a 15 metros sobre segundo, es traída a reposo en 0.040 segundo por un guante de béisbol en la mano de un cátcher. La magnitud de la fuerza promedio ejercida en la bola por el guante es

(1) 2.2 N   (3) 17 N
(2) 2.9 N   (4) 56 N

5 ¿Cuál cuerpo está en equilibrio?

(1) un satélite moviéndose alrededor de la Tierra en una órbita circular
(2) una carreta rodando bajo una pendiente sin fricción
(3) una manzana en caída libre hacia la superficie de la Tierra
(4) un bloque deslizándose a velocidad constante a través de un tope de mesa

6 Como se muestra en el siguiente diagrama, un estudiante parado en el techo de un edificio de 50.0 metros de altura patea una piedra a una rapidez horizontal de 4.00 metros sobre segundo.

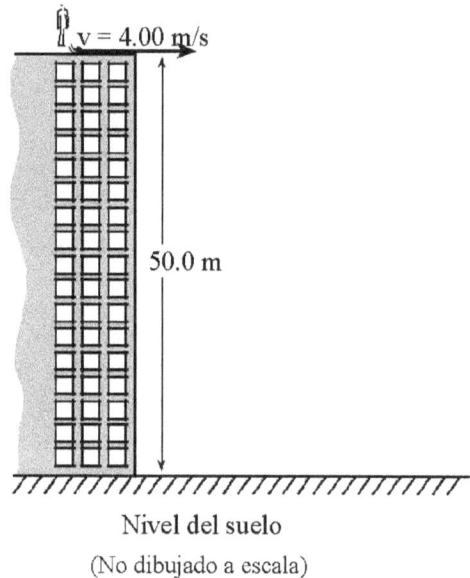

Nivel del suelo
(No dibujado a escala)

¿Cuánto tiempo se requiere para que la piedra alcance el nivel del suelo que se muestra? [Omita fricción.]

(1) 3.19 s   (3) 10.2 s
(2) 5.10 s   (4) 12.5 s

7 En la superficie de la Tierra, una nave espacial tiene una masa de 2.00×10^4 kilogramos. ¿Cuál es la masa de la nave a una distancia de un radio de la Tierra por encima de la superficie de la Tierra?

(1) 5.00×10^3 kg   (3) 4.90×10^4 kg
(2) 2.00×10^4 kg   (4) 1.96×10^5 kg

8 Un estudiante hala un trineo de 60.-newtons con una fuerza que tiene una magnitud de 20 newtons. ¿Cuál es la magnitud de la fuerza que el trineo ejerce en el estudiante?

(1) 20. N   (3) 60. N
(2) 40. N   (4) 80. N

9 La siguiente tabla de datos enlista la masa y la rapidez de cuatro objetos diferentes.

Tabla de Datos

Objeto	Masa (kg)	Rapidez (m/s)
A	4.0	6.0
B	6.0	5.0
C	8.0	3.0
D	16.0	1.5

¿Qué objeto tiene la mayor inercia?

(1) A   (3) C
(2) B   (4) D

10 El siguiente diagrama muestra una fuerza horizontal de 12-newton que le está siendo aplicada a dos bloques, A y B, inicialmente en reposo en una superficie horizontal y sin fricción. El bloque A tiene una masa de 1.0 kilogramo y el bloque B tiene una masa de 2.0 kilogramos.

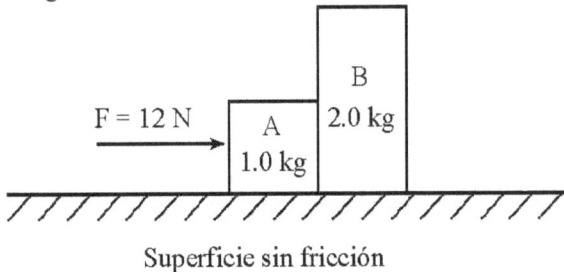

Superficie sin fricción

La magnitud de la aceleración del bloque B es

(1) 6.0 m/s^2 (3) 3.0 m/s^2
(2) 2.0 m/s^2 (4) 4.0 m/s^2

11 Una bola es lanzada verticalmente hacia arriba con una velocidad inicial de 29.4 metros sobre segundo. ¿Cuál es la máxima altura alcanzada por la bola? [Omita fricción.]

(1) 14.7 m   (3) 44.1 m
(2) 29.4 m   (4) 88.1 m

12 El siguiente diagrama representa una masa, m, siendo oscilada en dirección de las agujas del reloj a rapidez constante en un círculo horizontal.

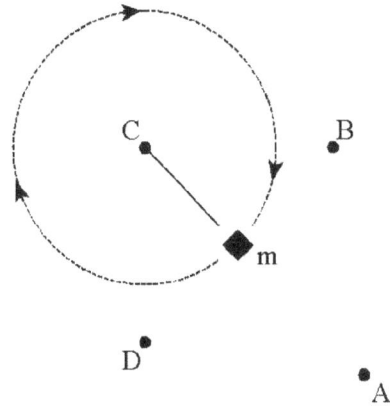

En el instante mostrado, la fuerza centrípeta actuando en la masa m es dirigida hacia el punto

(1) A   (3) C
(2) B   (4) D

13 Una pistola de 3.1-kilogramo inicialmente en reposo se le da libre movimiento. Cuando una bala de 0.015-kilogramo deja la pistola con una rapidez de 500 metros sobre segundo, ¿cuál es la rapidez de la pistola?

(1) 0.0 m/s   (3) 7.5 m/s
(2) 2.4 m/s   (4) 500. m/s

14 Cuatro proyectiles, *A*, *B*, *C*, y *D*, fueron lanzados desde, y regresados al, nivel del suelo. La siguiente tabla de datos muestra la rapidez horizontal inicial, rapidez vertical inicial, y el tiempo de vuelo para cada proyectil.

Tabla de Datos

Proyectil	Rapidez Horizontal Inicial (m/s)	Rapidez Vertical Inicial (m/s)	Tiempo de Vuelo (s)
A	40.0	29.4	6.00
B	60.0	19.6	4.00
C	50.0	24.5	5.00
D	80.0	19.6	4.00

¿Cuál proyectil viajó la mayor distancia horizontal? [Omita fricción.]

(1) *A*   (3) *C*
(2) *B*   (4) *D*

15 Un resorte enrollado provee energía para impulsar un auto de juguete a través del piso. En el tiempo t_i, el auto se mueve a rapidez v_i a través del piso y el resorte se desenrolla, como se muestra abajo. En el tiempo t_f, el resorte se desenrollo por completo y el auto ha llegado a un punto muerto.

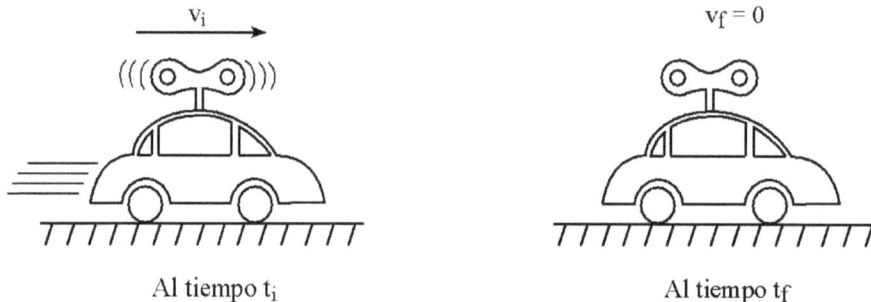

Al tiempo t_i Al tiempo t_f

¿Cuál declaración mejor describe la transformación de energía que ocurre entre los tiempos t_i y t_f?

(1) La energía gravitacional potencial en t_i se convierte en energía interna en t_f.

(2) La energía elástica potencial en t_i se convierte en energía cinética t_f.

(3) Tanto la energía elástica potencial como energía cinética en t_i son convertidas en energía interna en t_f.

(4) Tanto la energía cinética como la energía interna en t_i son convertidas en energía elástica potencial en t_f.

16 Un ciclista de 75-kilogramo rueda bajo una colina a una rapidez constante de 12 metros sobre segundo. ¿Cuál es la energía cinética del ciclista?

(1) 4.5×10^2 J   (3) 5.4×10^3 J
(2) 9.0×10^2 J   (4) 1.1×10^4 J

17 El siguiente diagrama representa una caja de 155 newtons en una rampa. La fuerza aplicada F causa que la caja se deslice desde el punto A hacia el punto B.

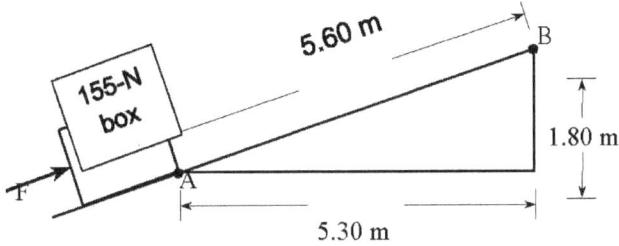

¿Cuánto es la cantidad total de energía gravitacional potencial ganada por la caja?

(1) 28.4 J   (3) 868 J
(2) 279 J   (4) 2740 J

18 Un calentador eléctrico operando a 120 voltios atrae una corriente de 8.00 amperios a través de sus 15.0 ohms de resistencia. La cantidad total de energía calorífica producida por el calentador en 60.0 segundos es

(1) 7.20×10^{3} J   (3) 8.64×10^{4} J
(2) 5.76×10^{4} J   (4) 6.91×10^{6} J

19 Los campos magnéticos son producidos por partículas que están

(1) moviéndose y cargadas
(2) moviéndose y neutrales
(3) estacionarias y cargadas
(4) estacionarias y neutrales

20 Una carga de 30 coulombs pasa a través de un resistor de 24-ohms en 6.0 segundos. ¿Cuál es la corriente a través del resistor?

(1) 1.3 A   (3) 7.5 A
(2) 5.0 A   (4) 4.0 A

21 ¿Cuál es la magnitud de la fuerza electroestática entre dos electrones separados por una distancia de 1.00×10^{-8} metro?

¿Cuál es el signo de la carga de cada esfera?

(1) 2.56×10^{-22} (3) 2.30×10^{-12}

(2) 2.30×10^{-20} (4) 1.44×10^{-1}

22 The diagram below represents the electric field surrounding two charged spheres, A and B.

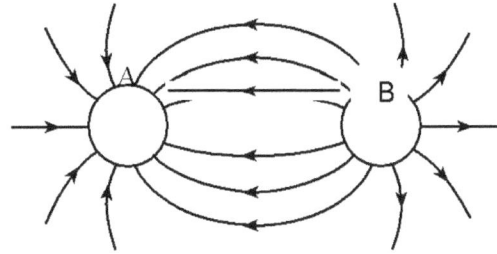

(1) La esfera A es positiva y la esfera B es negativa.
(2) La esfera A es negativa y la esfera B es positiva.
(3) Ambas esferas son positivas.
(4) Ambas esferas son negativas.

23 ¿Qué circuito tiene la resistencia equivalente *más pequeña*?

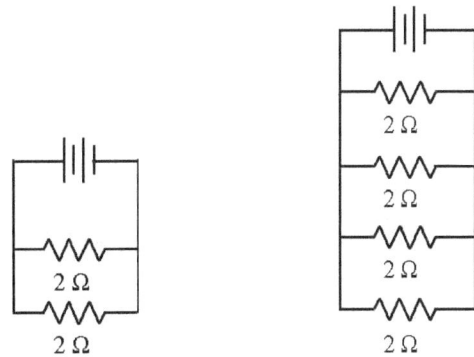

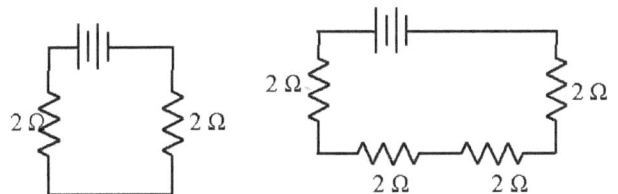

Base sus respuestas a las preguntas de la 24 a la 26 en la información y el diagrama que sigue.

Una onda longitudinal se mueve hacia la derecha a través de un medio uniforme, como se muestra abajo. Los puntos A, B, C, D, y E representan las posiciones de las partículas del medio.

Movimiento de la onda →

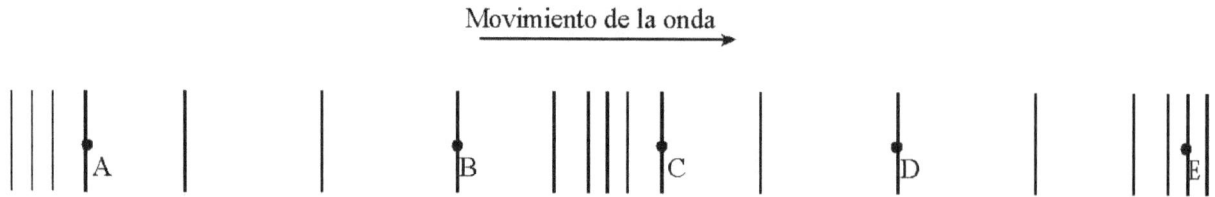

24 ¿Qué diagrama mejor representa el movimiento de la partícula en la posición C cuando la onda se mueve a la derecha?

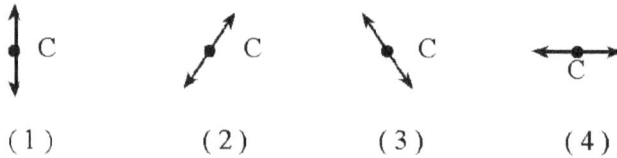

(1) (2) (3) (4)

25 La longitud de onda de esta onda es igual a la distancia entre los puntos

(1) A y B (3) B y C
(2) A y C (4) B y E

26 La energía de esta onda se relaciona a su

(1) amplitud   (3) rapidez
(2) período   (4) longitud de onda

27 Un rayo monocromático de luz amarilla (f = 5.09 x 10^{14} Hz) pasa desde el agua a través de vidrio pedernal y hasta el medio X, como se muestra abajo.

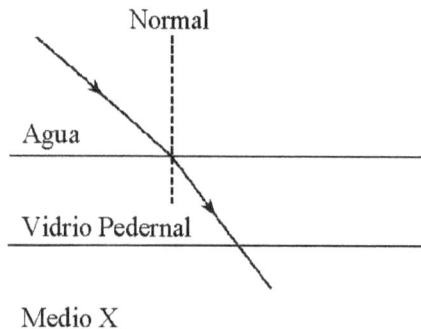

Normal

Agua

Vidrio Pedernal

Medio X

El índice absoluto de refracción del medio X es

(1) menor a 1.33   (3) mayor a 1.52 y menor a 1.66
(2) mayor que 1.33 y menor a 1.52   (4) igual a 1.66

28 Un rayo de luz viajando en el aire entra a un segundo medio y su rapidez disminuye a 1.71×10^{8} metros sobre segundo. ¿Cuál es el índice absoluto de refracción del segundo medio?

(1) 1.00　　　　　(3) 1.75

(2) 0.570　　　　(4) 1.94

29 Tocar una cierta nota musical en una trompeta causa que el resorte en el fondo de un redoblante cercano vibre. Este fenómeno es un ejemplo de

(1) resonancia　　　(3) reflexión

(2) refracción　　　(4) difracción

30 En un vacío, todas las ondas electromagnéticas tienen la misma

(1) rapidez　　　　(3) frecuencia

(2) fase　　　　　(4) longitud de onda

31 Una partícula que esté compuesta de dos quarks arriba y un quark abajo es un

(1) mesón　　　　(3) protón

(2) neutrón　　　(4) positrón

32 Un átomo de helio consiste de dos protones, dos electrones, y dos neutrones. En el átomo de helio, la fuerza fuerte es una interacción fundamental entre los

(1) electrones, solamente

(2) electrones y protones

(3) neutrones y electrones

(4) neutrones y protones

33 ¿Cuál es la masa total que debe ser convertida en energía para producir un fotón de gama con una energía de 1.03×10^{-13} joule?

(1) 1.14×10^{-30}　　　(3) 3.09×10^{-5}

(2) 3.43×10^{-22}　　　(4) 8.75×10^{29}

34 Comparado con la masa y la carga de un protón, un antiprotón tiene

(1) la misma masa y la misma carga

(2) mayor masa y la misma carga

(3) la misma masa y la carga es opuesta

(4) mayor masa y la carga es opuesta

Nota: la pregunta 35 tiene solo tres opciones.

35 Visto desde la Tierra, la luz de una estrella tiene menores frecuencias que la luz emitida por la estrella porque la estrella está

(1) moviéndose hacia la Tierra

(2) moviéndose lejos de la Tierra

(3) estacionaria

Parte B–1

Responda todas las preguntas en esta parte.

Direcciones (1–35): Para *cada* declaración o pregunta, escriba en su folleto de respuestas el *número* de la palabra o expresión que, de las dadas, mejor complete la declaración o responda la pregunta.

36 El trabajo total hecho al levantar un típico libro de física de secundaria una distancia vertical de 0.10 metro es aproximadamente

(1) 0.15 J   (3) 15 J
(2) 1.5 J   (4) 150 J

37 ¿Qué unidad eléctrica es equivalente a un joule?

(1) voltio sobre metro   (3) voltio sobre coulomb
(2) amperio•voltio   (4) coulomb•voltio

38 Un motor eléctrico pequeño es usado para levantar una masa de 0.50-kilogramo a rapidez constante. Si la masa es levantada una distancia vertical de 1.5 metros en 5.0 segundos, la potencia promedio desarrollada por el motor es

(1) 0.15 W   (3) 3.8 W
(2) 1.5 W   (4) 7.5 W

39 Una bola es dejada caer desde la cima de un acantilado. ¿Cuál gráfica mejor representa la relación entre la energía total de la bola y el tiempo transcurrido mientras la bola cae al suelo? [Omita fricción.]

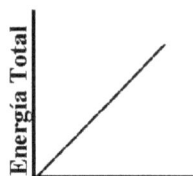

Tiempo
(1)

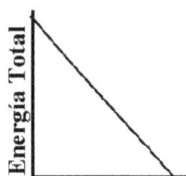

Tiempo
(3)

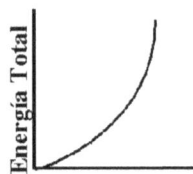

Tiempo
(2)

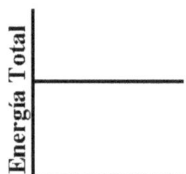

Tiempo
(4)

40 Un niño, comenzando desde reposo de la parte superior del tobogán de un parque de juegos, alcanza una rapidez de 7.0 metros sobre segundos en el fondo del tobogán. ¿Cuál es la altura vertical del tobogán? [Omita fricción.]

(1) 0.71 m   (3) 2.5 m
(2) 1.4 m   (4) 3.5 m

41 La siguiente gráfica representa la relación entre la corriente en un conductor metálico y la diferencia potencial a través del conductor a temperatura constante.

Corriente vs. Diferencia Potencial

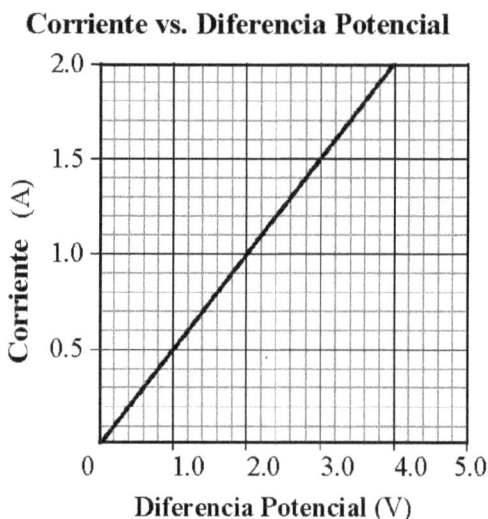

La resistencia del conductor es

(1) 1.0 Ω   (3) 0.50 Ω
(2) 2.0 Ω   (4) 4.0 Ω

42 Un estudiante lanza una bola de béisbol verticalmente hacia arriba y luego la atrapa. Si verticalmente hacia arriba se considera la dirección positiva, ¿cuál gráfica mejor representa la relación entre la velocidad y el tiempo para la bola de béisbol? [Omita fricción.]

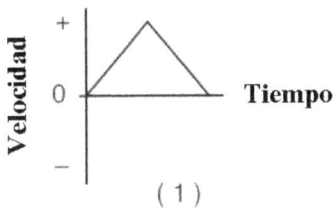

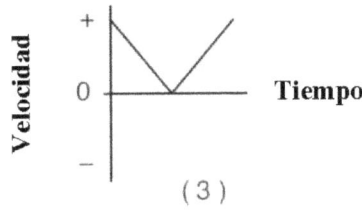

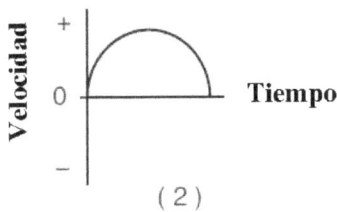

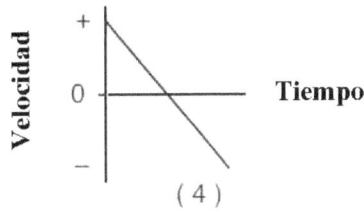

43 Una esfera de 5.0-kilogramo, comenzando desde reposo, cae libremente 22 metros en 3.0 segundos cerca de la superficie de un planeta. Comparado a la aceleración debido a la gravedad cerca de la superficie de la Tierra, la aceleración debido a la gravedad cerca de la superficie del planeta es aproximadamente

(1) la misma
(2) dos veces mayor

(3) una mitad mayor
(4) cuatro veces mayor

44 Una masa de 15.0 kilogramos se mueve a 7.50 metros sobre segundo en superficie horizontal, sin fricción. ¿Cuál es el trabajo total que debe ser hecho en la masa para aumentar su rapidez a 11.5 metros sobre segundo?

(1) 120. J
(2) 422 J

(3) 570. J
(4) 992 J

45 El siguiente diagrama de circuito representa cuatro resistores conectados a una fuente de 12-voltios.

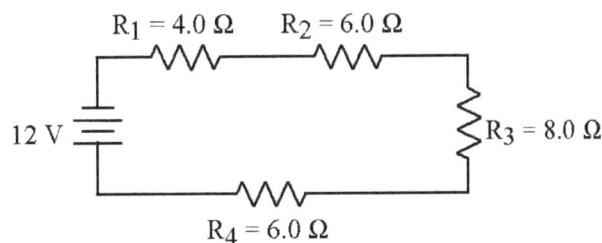

¿Cuál es la corriente total en el circuito?

(1) 0.50 A
(2) 2.0 A

(3) 8.6 A
(4) 24 A

46 ¿Cuál gráfica mejor representa la relación entre la potencia gastada por un resistor que obedece a la Ley de Ohm y la diferencia potencial aplicada al resistor?

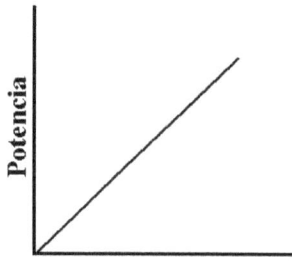 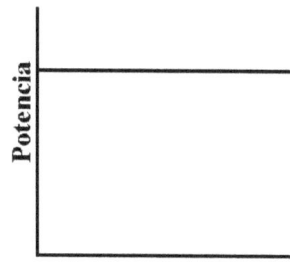 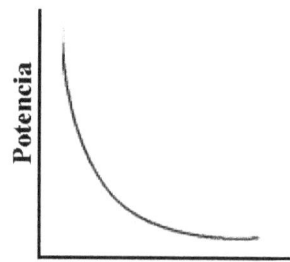 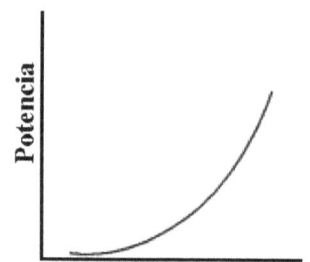

  (1)   (2)   (3)   (4)

47 La distancia entre un electrón y un protón es variada. ¿Qué par de gráficas mejor representa la relación entre la fuerza gravitacional, F_g, y la distancia, r, y la relación entre la fuerza electroestática, F_e, y la distancia, r, para estas partículas?

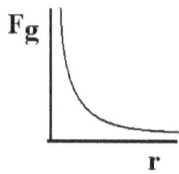 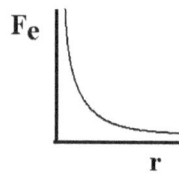   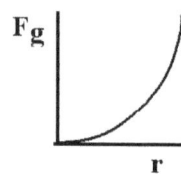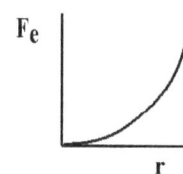

    (1)   (3)

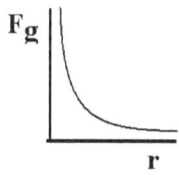 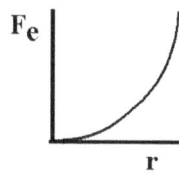   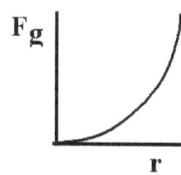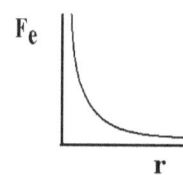

    (2)   (4)

48 El siguiente diagrama representa una onda periódica viajando a través de un medio uniforme.

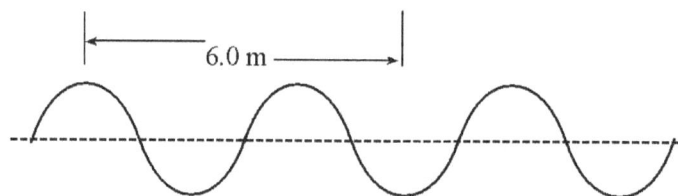

Si la frecuencia de la onda es 2.0 hertz, la rapidez de la onda es

(1) 6.0 m/s   (3) 8.0 m/s
(2) 2.0 m/s   (4) 4.0 m/s

49 El siguiente diagrama representa un rayo de luz que se refleja desde el espejo de un avión.

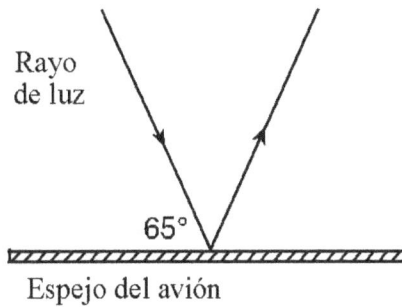

Rayo
de luz

65°

Espejo del avión

El ángulo de reflexión para el rayo de luz es

(1) 25°   (3) 50.°
(2) 35°   (4) 65°

50 El siguiente diagrama muestra una onda estacionaria en un resorte aprisionado en cada extremo.

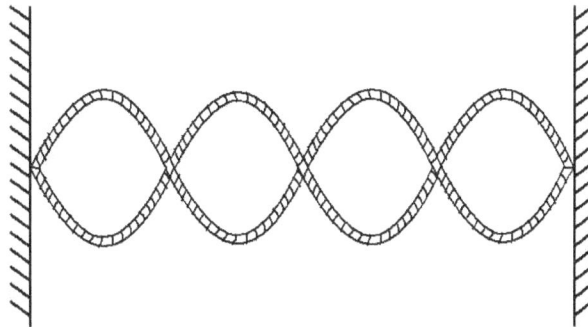

¿Cuál es el número total de nodos y antinodos en la onda estacionaria?

(1) 3 nodos y 2 antinodos   (3) 5 nodos y 4 antinodos
(2) 2 nodos y 3 antinodos   (4) 4 nodos y 5 antinodos

Parte B–2

Responda todas las preguntas en esta parte.

Direcciones (51–60): Registre sus respuestas en los espacios previstos en su folleto de respuestas.

Base sus respuestas a las preguntas de la 51 a la 53 en la información y gráfica que sigue.

Una máquina disparó varios proyectiles al mismo ángulo, θ, por encima de la horizontal. Cada proyectil fue disparado con una velocidad inicial diferente, v_i. La siguiente gráfica representa la relación entre la magnitud de la velocidad vertical inicial, v_{iy}, y la magnitud de la velocidad inicial correspondiente, v_i, de esos proyectiles.

Velocidad Vertical Inicial vs. Velocidad Inicial

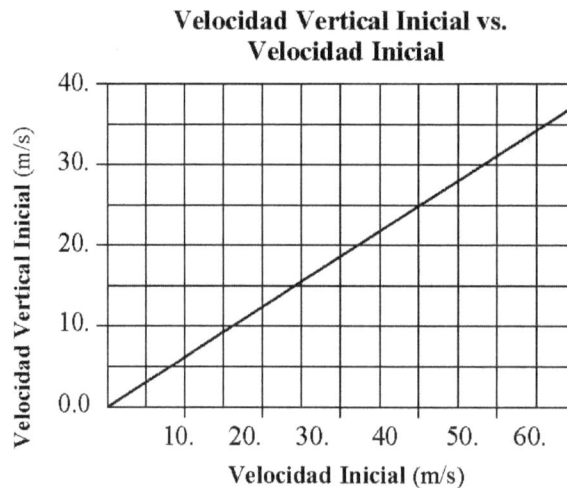

51 Determine la magnitud de la velocidad vertical inicial del proyectil, v_{iy}, cuando la magnitud de su velocidad inicial, v_i, fue 40 metros sobre segundo. [1]

52 Determine el ángulo, θ, por encima de la horizontal al cual los proyectiles fueron disparados. [1]

53 Calcule la magnitud de la velocidad horizontal inicial del proyectil, v_{ix}, cuando la magnitud de su velocidad inicial, v_i, fue 40 metros sobre segundo. [Muestre todo el trabajo, incluyendo la ecuación y la sustitución con unidades.] [2]

---

54 Una estudiante hace un péndulo simple al adjuntar una masa al extremo libre del largo de resorte de 1.50-metro suspendido desde el techo de su salón de clase de física. Ella hala la masa hacia mentón y la libera desde el reposo, dejando que el péndulo se balancee en su camino curveado. Sus compañeros de clase se sorprenden que la masa no alcanza su mentón en el balanceo de vuelta, aun cuando ella no se mueve. Explique porque la masa *no* tiene suficiente energía para regresar a su posición inicial y golpear a la chica en el mentón. [1]

55 Un resistor de 6-ohm y un resistor de 4-ohm están conectados en series con una batería de 6-voltios en un circuito eléctrico operativo. Un voltímetro es conectado para medir la diferencia potencial a través del resistor de 6-ohm.
En el espacio *en su folleto de respuestas*, dibuje un diagrama de este circuito incluyendo la batería, resistores, y el voltímetro usando los símbolos desde las *Tablas de Referencia para Entornos Físicos/Física*.
Etiquete cada resistor con su valor. [Asuma la disponibilidad de cualquier número de cables de resistencia inapreciable.] [2]

56 Cuando un resorte es comprimido 2.50×10^{-2} metro sobre su posición de equilibrio, la energía potencial total acumulada en el resorte es 1.25×10^{-2} joule. Calcule la constante de resorte del resorte. [Muestre todo el trabajo, incluyendo la ecuación y la sustitución con unidades.] [2]

Base sus respuestas a las preguntas 57 y 58 en la siguiente información.

Una longitud de cable de 3.50-metros con un área transversal de 3.14×10^{-6} metro^2 está a 20° Celsius. La corriente en el cable es 24.0 amperios cuando se conecta a una fuente de 1.50-voltios de diferencia potencial.

57 Determine la resistencia del cable. [1]

58 Calcule la resistividad del cable. [Muestre todo el trabajo, incluyendo la ecuación y la sustitución con unidades.] [2]

Base sus respuestas a las preguntas 59 y 60 en la siguiente información.

En un experimento, un tapón de goma de 0.028-kilogramo está adjunto a un extremo de un resorte. Un estudiante le da vueltas al tapón por encima de su cabeza en un círculo horizontal con un radio de 1.0 metro. El tapón completa 10 revoluciones en 10 segundos.

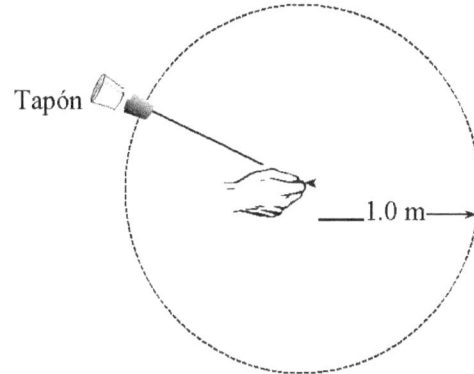

(No dibujado a escala)

59 Determine la rapidez del tapón giratorio. [1]

60 Calcule la magnitud de la fuerza centrípeta en el tapón giratorio. [Muestre todo el trabajo, incluyendo la ecuación y la sustitución con unidades.] [2]

Parte C

Responda todas las preguntas en esta parte.

Direcciones (51–60): Registre sus respuestas en los espacios previstos en su folleto de respuestas.

Base sus respuestas a las preguntas de la 61 a la 64 en la siguiente información.

En una investigación de laboratorio, un estudiante aplicó varias fuerzas descendentes a un resorte vertical. Las fuerzas aplicadas y las elongaciones correspondientes del resorte desde su posición de equilibrio son registradas en la siguiente tabla de datos.

Tabla de Datos

Fuerza (N)	Elongación (m)
0	0
0.5	0.010
1.0	0.018
1.5	0.027
2.0	0.035
2.5	0.046

Direcciones (61–63): Construya una gráfica en la rejilla *en su folleto de respuestas,* siguiendo las direcciones que se mostrarán.

61 Marque una escala apropiada en el eje etiquetado "Fuerza (N)." [1]

62 Trace los puntos de datos para la fuerza versus la elongación. [1]

63 Dibuje la línea o curva que mejor se ajuste. [1]

64 Usando su gráfica, calcule la constante de resorte de este resorte. [Muestre todo el trabajo, incluyendo la ecuación y la sustitución con unidades.] [2]

Base sus respuestas a las preguntas de la 65 a la 68 en la siguiente información.

Una patinadora de hielo aplica una fuerza horizontal a un bloque de 20.-kilogramos en hielo a nivel, sin fricción, causando que el bloque acelere uniformemente a 1.4 metros sobre segundo^2 hacia la derecha. Después que la patinadora deja de empujar el bloque, el mismo se desliza hacia una región de hielo que está cubierta con una fina capa de arena. El coeficiente de fricción cinética entre el bloque y el hielo cubierto de arena es 0.28.

65 Calcule la magnitud de la fuerza aplicada al bloque por el patinador. [Muestre todo el trabajo, incluyendo la ecuación y la sustitución con unidades.] [2]

66 En el diagrama *en su folleto de respuestas,* comenzando en el punto *A,* dibuje un vector para representar la fuerza aplicada al bloque por la patinadora. Comience el vector en el punto *A* y use una escala de 1.0 centímetro = 5.0 newtons. [1]

67 Determine la magnitud de la fuerza normal actuando en el bloque. [1]

68 Calcule la magnitud de la fuerza de fricción actuando en el bloque mientras se desliza sobre el hielo cubierto de arena. [Muestre todo el trabajo, incluyendo la ecuación y la sustitución con unidades.] [2]

Base sus respuestas a las preguntas de la 69 a la 71 en la información y el diagrama que sigue.

Un rayo de luz monocromático (f = 5.09 x 10^{14} Hz) viajando en el aire es incidente en la superficie de un bloque rectangular de Lucite.

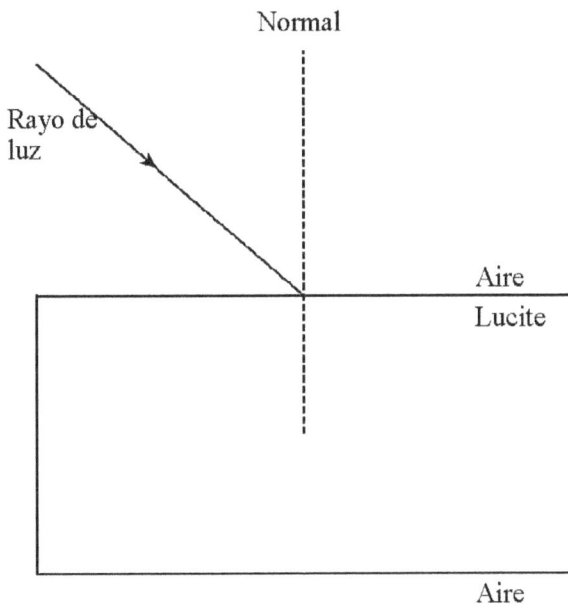

Normal

Rayo de luz

Aire

Lucite

Aire

69 Mida el ángulo de incidencia para el rayo de luz hasta el *ángulo más cercano*. [1]

70 Calcule el ángulo de refracción del rayo de luz cuando entra al bloque de Lucite. [Muestre todo el trabajo, incluyendo la ecuación y la sustitución con unidades.] [2]

71 ¿Cuál es el ángulo de refracción del rayo de luz a lo que surge desde el bloque de Lucite de vuelta al aire? [1]

Base sus respuestas a las preguntas de la 72 a la 75 en la siguiente información.

Cuando un átomo de mercurio absorbe un fotón de energía, un electrón en el átomo cambia del nivel de energía *d* al nivel de energía *e*.

72 Determine la energía de los fotones absorbidos en electronvoltios. [1]

73 Exprese la energía de los fotones absorbidos en joules. [1]

74 Calcule la frecuencia de los fotones absorbidos. [Muestre todo el trabajo, incluyendo la ecuación y la sustitución con unidades.] [2]

75 Based on your calculated value of the frequency of the absorbed photon, determine its classification in the electromagnetic spectrum. [1]

ENTORNOS FÍSICOS
FÍSICA

Miércoles, 15 de Junio, 2011 — solo de 1:15 a 4:15 p.m.

Las respuestas a *todas* las preguntas en esta evaluación serán escritas en su folleto de separado de respuestas. Asegúrese de llenar el encabezado en el frente de su folleto de respuestas.

Usted responderá todas las preguntas en todas las partes de esta evaluación de acuerdo a las directrices otorgadas en el folleto evaluativo. Todo el trabajo deberá ser escrito en bolígrafo, exceptuando las gráficas y dibujos, los cuales deberán ser hechos en lápiz. Usted podrá usar trozos de papel para trabajar las respuestas a las preguntas, pero asegúrese de registrar todas sus respuestas en el folleto de respuestas.

Cuando haya terminado la evaluación, deberá firmar la declaración impresa en el primera página de su folleto de respuestas, indicando que no tuvo conocimiento ilegal de las preguntas o de las respuestas previas a la evaluación y que usted no dio ni recibió ayuda al responder cualquiera de las preguntas durante la evaluación. Su folleto de respuestas no podrá ser aceptado si usted falla en firmar esta declaración.

Notése. . .

Una calculadora gráfica o científica, una regla en centímetros, un transportador, y una copia de la *Edición del 2006 de las Tablas de Referencia para Entornos Físicos/Física*, la cual podrá necesitar para responder algunas preguntas en esta evaluación, deberá estar disponible para su uso mientras realiza esta evaluación.

El uso de dispositivos de comunicación está estrictamente prohibido mientras realiza esta evaluación. Si usted usa cualquier dispositivo de comunicación, sin importar cuan corto sea su uso, su evaluación será invalidada y ninguna puntuación se le calculará.

NO ABRA ESTE FOLLETO EVALUATIVO HASTA QUE LA SEÑAL SEA DADA.

Parte A

Responda todas las preguntas en esta parte.

Direcciones (1–35): Para *cada* declaración o pregunta, escriba en su folleto de respuestas el *número* de la palabra o expresión que, de las dadas, mejor completa la declaración o responde la pregunta.

1. Escalar es a vector lo que
   (1) rapidez es a velocidad
   (2) desplazamiento es a distancia
   (3) desplazamiento es a velocidad
   (4) rapidez es a distancia

2. Si un carro acelera uniformemente desde descanso hasta 15 metros sobre segundo en una distancia de 100 metros, la magnitud de la aceleración del carro es
   (1) 0.15 m/s^2 (3) 2.3 m/s^2
   (2) 1.1 m/s^2 (4) 6.7 m/s^2

3. Un objeto acelera uniformemente desde 3.0 metros sobre segundo al este hasta 8.0 metros sobre segundo al este en 2.0 segundos. ¿Cuál es la magnitud de la aceleración del objeto?
   (1) 2.5 m/s^2 (3) 5.5 m/s^2
   (2) 5.0 m/s^2 (4) 11 m/s^2

4. Una roca se deja caer desde un puente. ¿Qué le pasa a la magnitud de la aceleración y a la rapidez de la roca mientras cae? [Omita fricción.]
   (1) Tanto aceleración como rapidez aumentan.
   (2) Tanto aceleración como rapidez se mantienen.
   (3) La aceleración aumenta y la rapidez disminuye.
   (4) La aceleración se mantiene y la rapidez aumenta.

5. Un balón de futbol pateado en un campo nivelado tiene un componente de velocidad vertical inicial de 15 metros sobre segundo. Asumiendo que el balón cae a la misma altura desde la cual fue pateado, ¿cuál es el tiempo total que está el balón en el aire? [Omita fricción.]
   (1) 0.654 s   (3) 3.06 s
   (2) 1.53 s   (4) 6.12 s

6. Un estudiante está de pie en un elevador que está acelerando hacia abajo. La fuerza que el estudiante ejerce en el suelo del elevador debe ser
   (1) menos que el peso del estudiante cuando está en reposo
   (2) mayor que el peso del estudiante cuando está en reposo
   (3) menos que la fuerza del suelo en el estudiante
   (4) mayor que la fuerza del suelo en el estudiante

7. La magnitud de la fuerza centrípeta actuando en un objeto que viaja en una vía circular, horizontal va a *disminuir* si
   (1) se aumenta el radio de la vía
   (2) se aumenta la masa del objeto
   (3) se revierte la dirección de movimiento del objeto
   (4) se aumenta la rapidez del objeto

8. La fuerza centrípeta actuando en el transbordador espacial mientras orbita la Tierra es igual a esta propiedad del transbordador
   (1) inercia   (3) velocidad
   (2) momento   (4) peso

9. Al ser una caja empujada 30 metros a lo largo de un piso horizontal por una fuerza horizontal constante de 25 newtons, la energía cinética de la caja aumenta por 300 joules. ¿Cuánta energía interna es producida durante este proceso?
   (1) 150 J   (3) 450 J
   (2) 250 J   (4) 750 J

10. ¿Cuál es la salida de potencia de un motor eléctrico que levanta verticalmente 15 metros un bloque de 2.0 kilogramos en 6.0 segundos?
    (1) 5.0 J   (3) 49 J
    (2) 5.0 W   (4) 49 W

11 Cuatro proyectiles idénticos son lanzados con la misma velocidad inicial, *v*, pero a ángulos variados por encima del nivel del suelo. ¿Cuál diagrama representa la velocidad inicial del proyectil que tendrá el mayor desplazamiento horizontal total? [Omita resistencia del aire.]

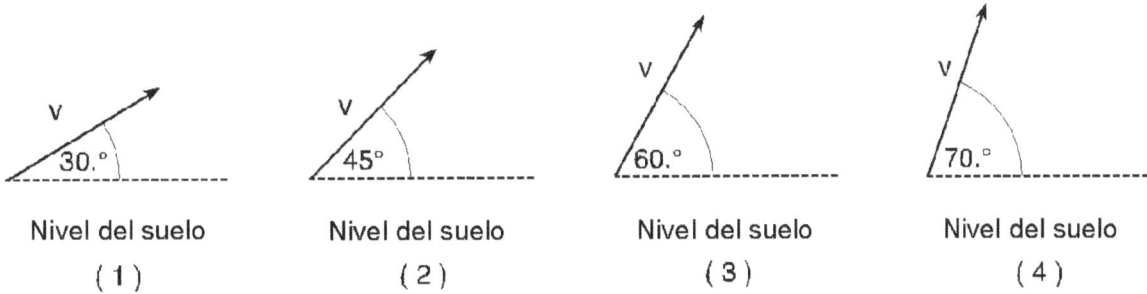

Nivel del suelo	Nivel del suelo	Nivel del suelo	Nivel del suelo
(1)	(2)	(3)	(4)

12 Dos fuerzas actúan concurrentemente sobre un objeto en una superficie horizontal sin fricción, como se muestra en el siguiente diagrama.

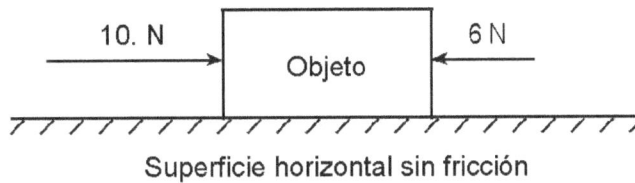

¿Qué fuerza adicional, cuando se aplica al objeto, establecerá equilibrio?

(1) 16 N hacia la derecha   (3) 4 N hacia la derecha

(2) 16 N hacia la izquierda   (4) 4 N hacia la izquierda

13 Como se muestra en el siguiente diagrama, una caja abierta y sus contenidos tienen una masa combinada de 5.0 kilogramos. Se requiere una fuerza de 15 newtons para empujar la caja a una velocidad constante de 1.5 metros sobre segundo a lo largo de una superficie nivelada.

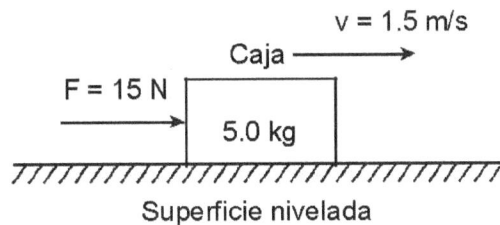

La inercia de la caja y sus contenidos aumenta si hay un aumento en la

(1) velocidad de la caja
(2) masa de los contenidos de la caja
(3) magnitud de la fuerza horizontal aplicada a la caja
(4) coeficiente de fricción cinética entre la caja y la superficie nivelada.

14 ¿Cuál declaración describe la energía cinética y energía mecánica total de un bloque mientras tirado a velocidad constante por una pendiente ascendiente?

(1) La energía cinética disminuye y la energía mecánica total aumenta.
(2) La energía cinética disminuye y la energía mecánica total se mantiene igual.
(3) La energía cinética se mantiene igual y la energía mecánica total aumenta.
(4) La energía cinética se mantiene igual y la energía mecánica total se mantiene igual.

15 ¿Cuál diagrama representa las líneas del campo eléctrico entre dos esferas pequeñas cargadas eléctricamente?

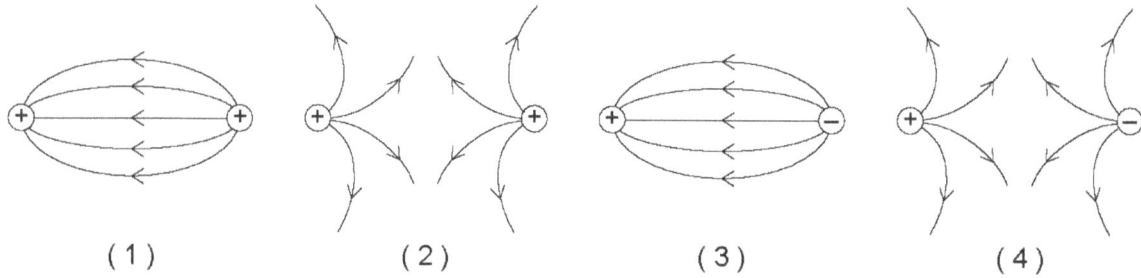

(1)   (2)   (3)   (4)

16 El siguiente diagrama representa una vista desde arriba de un tanque de agua en el cual frentes de onda paralelos están viajando hacia una barrera.

Tanque de Agua

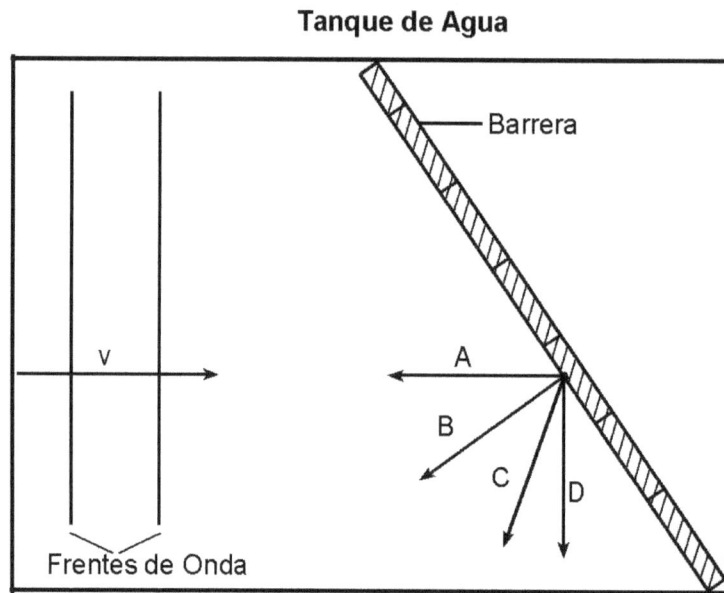

¿Cuál flecha representa la dirección del viaje para los frentes de onda tras que estos sean reflejados desde la barrera?

(1) A   (3) C
(2) B   (4) D

17 Dos esferas de metal, A and B, poseen cargas de 1.0 microcoulomb y 2.0 microcoulombs, respectivamente. En el siguiente diagrama, la flecha F representa la fuerza electroestática ejercida en la esfera B por la esfera A.

¿Cuál flecha representa la magnitud y la dirección de la fuerza electroestática ejercida en la esfera A por la esfera B?

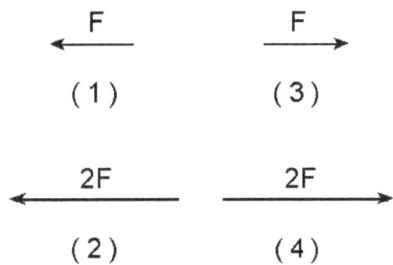

18 El siguiente diagrama representa una partícula cargada positivamente a punto de entrar en el campo eléctrico entre dos placas paralelas cargadas opuestamente.

El campo eléctrico desviará la partícula

(1) adentro de la página
(2) afuera de la página
(3) hacia la parte superior de la página
(4) hacia la parte inferior de la página

19 ¿Cuánto es la cantidad total de trabajo que se requiere para mover un protón a través de una diferencia potencial de 100 voltios?

(1) 1.60×10^{-21} J   (3) 1.00×10^{2} J
(2) 1.60×10^{-17} J   (4) 6.25×10^{20} J

20 ¿Cuál es la corriente a través de un cable si 240 coulombs de carga pasan a través del cable en 2.0 minutos?

(1) 120 A   (3) 0.50 A
(2) 2.0 A   (4) 0.0083 A

21 Un circuito eléctrico consiste de un resistor variable conectado a una fuente de diferencia potencial constante. Si se duplica la resistencia del resistor, la corriente que va a través del resistor se

(1) reduce a la mitad   (3) se reduce a un cuarto
(2) duplica   (4) cuadruplica

22 El circuito A tiene cuatro resistores de 3.0-ohm conectados en serie con una batería de 24 voltios, y el circuito B tiene dos resistores de 3.0-ohm conectados en serie con una batería de 24 voltios. Comparado con la caída de potencia a lo largo del circuito A, la caída potencial a lo largo del circuito B es

(1) una mitad mayor   (3) la misma
(2) dos veces mayor   (4) cuatro veces mayor

23 ¿Cuánta energía total es disipada en 10 segundos en un resistor de 4.0-ohm con una corriente de 0.50 amperio?

(1) 2.5 J   (3) 10. J
(2) 5.0 J   (4) 20. J

24 Mover el largo de un cable de cobre a través de un campo magnético podría causar que el cable tenga una

(1) diferencia potencial a través de el
(2) menor temperatura
(3) menor resistividad
(4) mayor resistencia

25 Un pulso viajó el largo de un resorte estirado. El pulso transfirió

(1) solo energía
(2) solo masa
(3) tanto energía como masa
(4) ni energía ni masa

26 La siguiente gráfica representa el desplazamiento de una partícula en un medio durante un período de tiempo.

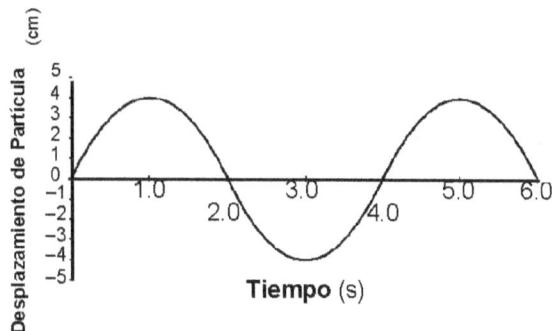

La amplitud de la onda es

(1) 4.0 s
(2) 6.0 s
(3) 8 cm
(4) 4 cm

27 ¿Cuál es el período de una onda de agua si 4.0 ondas completas pasan un punto fijo en 10 segundos?

(1) 0.25 s
(2) 0.40 s
(3) 2.5 s
(4) 4.0 s

28 El siguiente diagrama representa una onda periódica

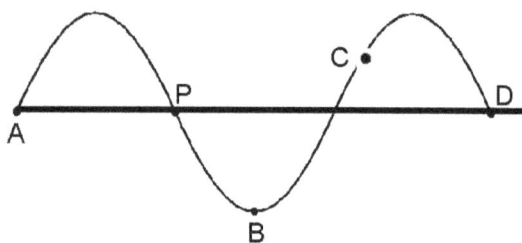

¿Qué punto en la onda está 90° fuera de fase con el punto P?

(1) A
(2) B
(3) C
(4) D

29 ¿Cuál es la longitud de onda de una onda de sonido de 256 hertz en el aire en STP?

(1) 1.17×10^6 m
(2) 1.29 m
(3) 0.773 m
(4) 8.53×10^{-7} m

30 ¿Cuál es la energía mínima total liberada cuando un electrón y su antipartícula (positrón) se aniquilan entre sí?

(1) 1.64×10^{-13} J
(2) 8.20×10^{-14} J
(3) 5.47×10^{-22} J
(4) 2.73×10^{-22} J

31 ¿Qué declaración describe correctamente una característica de una onda de sonido?

(1) Una onda de sonido puede viajar a través un vacío.
(2) Una onda de sonido es una onda transversa.
(3) La cantidad de energía que una onda de sonido transmite está directamente relacionada la amplitud de la onda.
(4) La cantidad de energía una onda de sonido transmite está inversamente relacionada con la frecuencia de la onda.

32 Un diapasón vibrante de 256 hertz se coloca cerca de diapasón no vibrante de 256 hertz. El segundo diapasón comienza a vibrar. ¿Qué fenómeno causa que el diapasón no vibrante comience a vibrar?

(1) resistencia
(2) resonancia
(3) refracción
(4) reflexión

33 Astronautas viajando hacia la Tierra en una rápida nave espacial reciben una señal de radio de una antena en la Tierra. Comparado a la frecuencia y la longitud de onda de la señal de radio emitida desde la antena, la señal de radio recibida por los astronautas tiene una

(1) menor frecuencia y una longitud de onda más corta
(2) menor frecuencia y una longitud de onda más larga
(3) mayor frecuencia y una longitud de onda más corta
(4) mayor frecuencia y una longitud de onda más larga

34 En el nivel atómico, la energía y la materia exhiben la características de

(1) partículas, solamente
(2) ondas, solamente
(3) ni partículas ni ondas
(4) tanto partículas como ondas

35 ¿Qué partículas no son afectadas por la fuerza nuclear fuerte?

(1) hadrones
(2) protones
(3) neutrones
(4) electrones

Direcciones (36-50): Para *cada* declaración o pregunta, escriba en su folleto de respuestas el *número* de la palabra o expresión que, de las dadas, mejor completa la declaración o responde la pregunta.

36 ¿Cuánto es el diámetro aproximado de un balón de básquet inflado?

(1) 2×10^{-2} m   (3) 2×10^{0} m

(2) 2×10^{-1} m   (4) 2×10^{1} m

37 La siguiente gráfica muestra la relación entre la rapidez y el tiempo transcurrido para un objeto que cae libremente desde su reposo cercano a la superficie de un planeta.

Rapidez vs. Tiempo

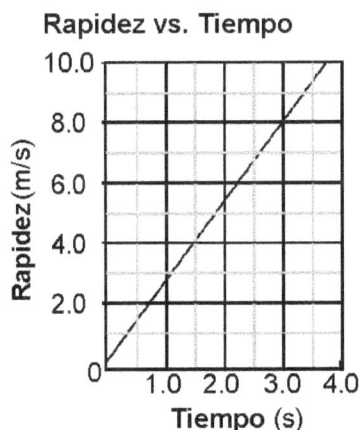

¿Cuál es la distancia total a la que el objeto cae durante los primeros 3.0 segundos?

(1) 12 m   (3) 44 m

(2) 24 m   (4) 72 m

38 Un jugador de hockey de 75 kilogramos está patinando por el hielo a una rapidez de 6.0 metros sobre segundo. ¿Cuál es la magnitud de la fuerza promedio requerida para detener al jugador en 0.65 segundo?

(1) 120 N   (3) 690 N

(2) 290 N   (4) 920 N

39 Un niño empuja un vagón a una velocidad constante a lo largo de una acera nivelada. El niño lo hace aplicando una fuerza de 22 newton al manubrio del vagón, el cual está inclinado a un ángulo de 35° con respecto a la acera como se muestra abajo

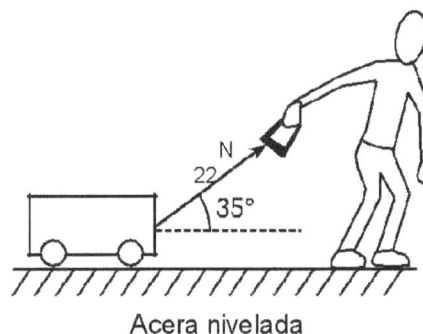

Acera nivelada

¿Cuál es la magnitud de la fuerza de fricción en el vagón?

(1) 11 N   (3) 18 N

(2) 13 N   (4) 22 N

40 El siguiente diagrama muestra el arreglo de tres esferas pequeñas, A, B, y C, que tienen cargas de $3q$, q, y q, respectivamente. Las esferas A y C están ubicadas a una distancia r de la esfera B.

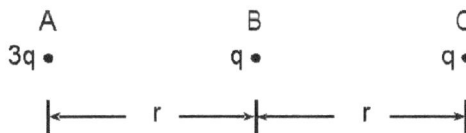

Comparado con la magnitud de la fuerza electroestática ejercida por la esfera B en la esfera C, la magnitud de la fuerza electroestática ejercida por la esfera A en la esfera C es

(1) la misma   (3) $\frac{3}{4}$ de veces mayor

(2) dos veces mayor   (4) $\frac{3}{2}$ de veces mayor

41 Una sonda espacial es lanzada al espacio desde la superficie de la Tierra. ¿Qué gráfica representa la relación entre la magnitud de la fuerza gravitacional ejercida en la Tierra por la sonda espacial y la distancia entre la sonda espacial y el centro de la Tierra?

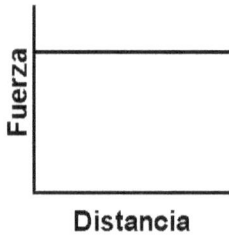
(1)

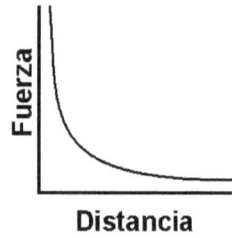
(2)

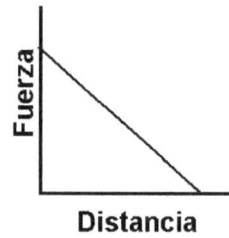
(3)

(4)

42 ¿Qué gráfica representa la relación entre la energía potencial gravitatoria (*EPG*) de un objeto cercano a la superficie de la Tierra y su altura por encima de la superficie de la Tierra?

(1)

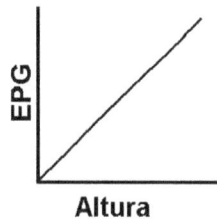
(2)

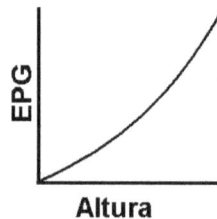
(3)

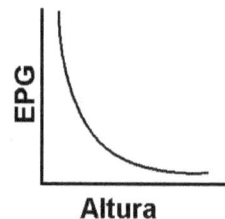
(4)

43 Dos placas de metal en paralelo están conectadas a una fuente variable de diferencia potencial. Cuando la diferencia potencial de la fuente se aumenta, la magnitud de la intensidad del campo eléctrico entre las placas aumenta. El siguiente diagrama muestra un electrón ubicado entre las placas.

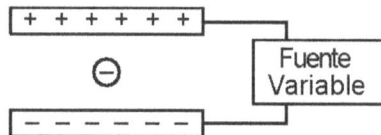

¿Cuál gráfica representa la relación entre la magnitud de la fuerza electroestática en el electrón y la magnitud de la intensidad del campo eléctrico entre las placas?

(1)

(2)

(3)

(4)

44 El siguiente diagrama representa un circuito que consiste de dos resistores conectados a una fuente de diferencia potencial.

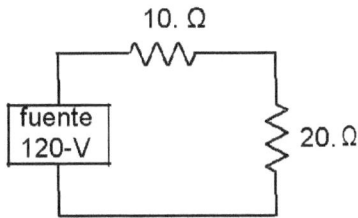

¿Cuánto es la corriente que va a través del resistor de 20-ohm?
(1) 0.25 A   (3) 12 A
(2) 6.0 A   (4) 4.0 A

45 El siguiente diagrama muestra las líneas de campo magnético entre polos magnéticos, A y B.

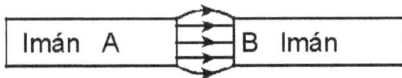

¿Qué declaración describe la polaridad de los polos magnéticos A y B?

(1) A es el polo norte y B es el polo sur.
(2) A es el polo sur y B es el polo norte.
(3) Ambos A y B son polos norte.
(4) Ambos A y B son polos sur.

46 El siguiente diagrama representa una onda de agua transversa que se propaga hacia la izquierda. Un corcho está flotando en la superficie del agua en el punto P.

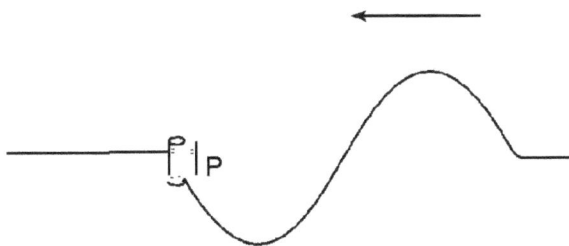

¿En qué dirección se moverá el corcho mientras la onda pasa el punto P?

(1) arriba, después abajo, después arriba
(2) abajo, después arriba, después abajo
(3) izquierda, después derecha, después izquierda
(4) derecha, después izquierda, después derecha

47 El siguiente diagrama muestra una serie de frentes de onda acercándose a una abertura en una barrera. El punto P está ubicado en el lado opuesto de la barrera.

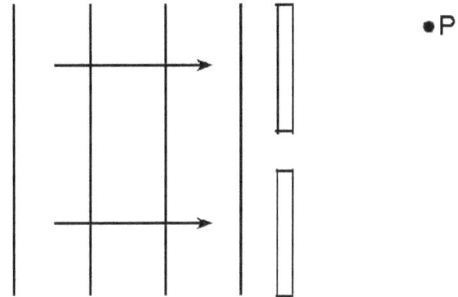

Los frentes de onda alcanzan el punto P como resultado de una

(1) resonancia   (3) reflexión
(2) refracción   (4) difracción

48 El siguiente diagrama representa una onda estacionaria.

El número de nodos y antinodos mostrados en el diagrama es

(1) 4 nodos y 5 antinodos
(2) 5 nodos y 6 antinodos
(3) 6 nodos y 5 antinodos
(4) 6 nodos y 10 antinodos

49 Un núcleo del deuterio está conformado por un protón y un neutrón. La composición quark de un núcleo del deuterio es

(1) 2 quarks arriba y 2 quarks abajo
(2) 2 quarks arriba y 4 quarks abajo
(3) 3 quarks arriba y 3 quarks abajo
(4) 4 quarks arriba y 2 quarks abajo

50 El siguiente diagrama muestra dos ondas que viajan en un mismo medio. Los puntos *A, B, C,* y *D* están ubicados a lo largo de la posición de reposo del medio. Las ondas interfieren para producir una onda resultante.

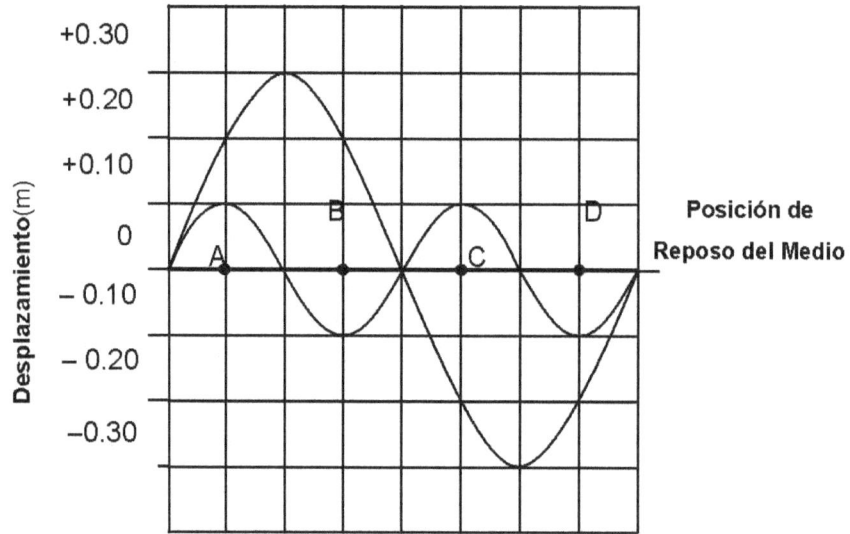

La superposición de las ondas produce el mayor desplazamiento positivo del medio desde su posición de reposo a qué punto

(1) *A*   (3) *C*
(2) *B*   (4) *D*

Responda todas las preguntas en esta parte

Direcciones (51–65): Registre sus respuestas en los espacios previstos en su folleto de respuestas.

51–52 Un sapo de 0.50 kilogramo está en reposo en la orilla que rodea un estanque de agua. Cuando el sapo salta desde el estanque, la magnitud de la aceleración del sapo es 3.0 metros sobre segundo^2. Calcule la magnitud de la fuerza neta ejercida en el sapo mientras salta. [Muestre todo el trabajo, incluyendo la ecuación y sustitución con unidades.] [2]

Base sus respuestas a las preguntas de la 53 a la 55 en la siguiente información.

Un estudiante y los esquíes encerado que él está usando tienen un peso combinado de 850 newtons. El esquiador viaja hacia abajo por una colina de nieve y luego se desliza hacia el este a través de una superficie horizontal de nieve.

53 Determine la magnitud de la fuerza normal ejercida en los esquíes mientras el esquiador se desliza a través de la superficie horizontal. [1]

54–55 Calcule la magnitud de la fuerza de fricción que actúa en los esquíes mientras el esquiador se desliza a través de la superficie horizontal de nieve. [Muestre todo el trabajo, incluyendo la ecuación y sustitución con unidades.] [2]

56–57 Calcule la energía cinética de una partícula con una masa de 3.34 x 10^{-27} kilogramo y una rapidez de 2.89 x 10^5 metros sobre segundo. [Muestre todo el trabajo, incluyendo la ecuación y sustitución con unidades.] [2]

58 Un circuito simple consiste de un resistor de 100.-ohm conectado a una batería. Un resistor de 25-ohm está a punto de ser conectado en el circuito. Determine el equivalente *más pequeño* de resistencia posible cuando ambos resistores estén conectados a la batería. [1]

59 La siguiente gráfica representa la relación entre el trabajo hecho por una persona y el tiempo.

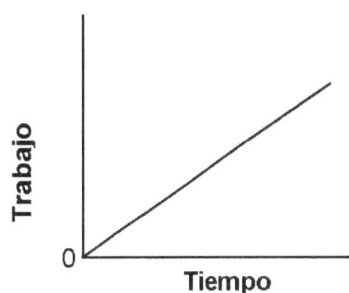

Identifique la cantidad física representada por la pendiente de la gráfica. [1]

60–61 El elemento de calefacción en la ventana de un automóvil tiene una resistencia de 1.2 ohms cuando se opera con él a 12 voltios. Calcule la potencia disipada en el elemento de calefacción. [Muestre todo el trabajo, incluyendo la ecuación y sustitución con unidades.] [2]

62–63 Una onda electromagnética con una longitud de onda de 5.89 · 10^{-7} metro viajando a través del aire es incidente en una superficie de contacto con aceite de maíz. Calcule la longitud de onda de la onda electromagnética en el aceite de maíz. [Muestre todo el trabajo, incluyendo la ecuación y sustitución con unidades.] [2]

64 La energía requerida para separar los 3 protones y los 4 neutrones en el núcleo de un átomo de litio es 39.3 megaelectronvoltios. Determine la masa equivalente de esta energía, en unidades universales de masa. [1]

65 Un generador de ondas que tiene una frecuencia constante produce frentes de onda paralelos en un tanque de agua de dos profundidades distintas. El siguiente diagrama representa los frentes de onda en el agua profunda.

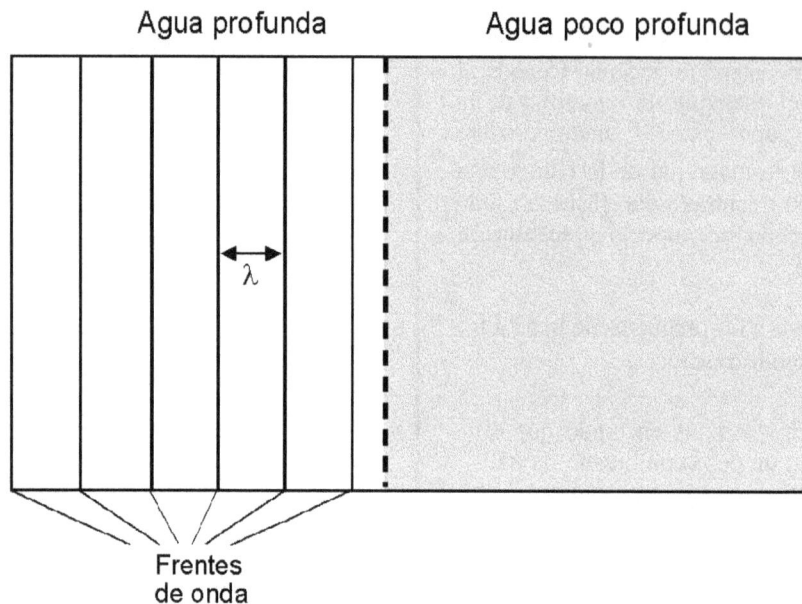

Agua profunda   Agua poco profunda

λ

Frentes
de onda

Mientras la onda viaja desde el agua profunda hacia el agua poco profunda, la rapidez de las ondas disminuye. En el diagrama *en su folleto de respuesta*, use una regla para dibujar *al menos tres* líneas para representar los frentes de onda, con espaciado apropiado, en el agua poco profunda. [1]

Parte C

Responda todas las preguntas en esta parte.

Direcciones (66–85): Registre sus respuestas en los espacios previstos en su folleto de respuestas.

Base sus respuestas a las preguntas de la 66 a la 69 en la información y el diagrama que sigue.

Un avión de modelo se dirige hacia el este a 1.50 metros sobre segundo, mientras que el viento sopla hacia el norte a 0.70 metro sobre segundo. El siguiente diagrama escalado representa estas cantidades de vector.

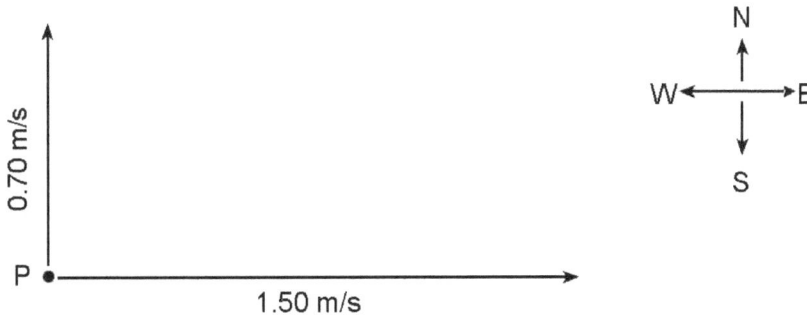

66 Usando una regla, determine la escala usada en el diagrama de vector. [1]

67 En el diagrama *en su folleto de respuestas,* use un transportador y una regla para construir un vector para representar la velocidad resultante del avión. Etiquete al vector *R*. [1]

68 Determine la magnitud de la velocidad resultante. [1]

69 Determine el ángulo entre el norte y la velocidad resultante. [1]

___

Base sus respuestas a las preguntas de la 70 a la 73 en la siguiente información.

Un resorte colgado verticalmente tiene una constante de resorte de 150 newtons sobre metro. Una masa de 2.00 kilogramos se suspende desde el resorte y deja que quede en reposo.

70–71 Calcule la elongación del resorte producida por la masa suspendida de 2.00 kilogramos. [Muestre todo el trabajo, incluyendo la ecuación y sustitución con las unidades [2]

72–73 Calcule la energía elástica potencial total acumulada en el resorte debido a la masa suspendida de 2.00 kilogramos [Muestre todo el trabajo, incluyendo la ecuación y sustitución con las unidades.] [2]

Base sus respuestas a las preguntas de la 74 a la 76 en la información y el diagrama que sigue.

Un circuito contiene una batería de 12.0 voltios, un amperímetro, un resistor variable, y cables conectores de resistencias inapreciables, como se muestra abajo.

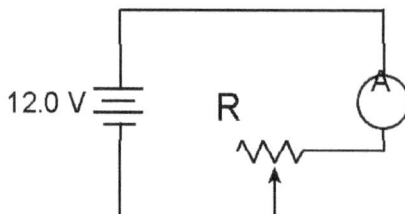

El resistor variable es un cable de nicromo, mantenido a 20°C. La longitud del cable de nicromo puede ser variada desde 10.0 centímetros hasta 90.0 centímetros. El amperímetro lee 2.00 amperios cuando la longitud del cable es 10.0 centímetros.

74 Determine la resistencia del cable de nicromo de 10.0 centímetros de longitud. [1]

75–76 Calcule el área transversal del cable de nicromo. [Muestre todo el trabajo, incluyendo la ecuación y sustitución con unidades.] [2]

Base sus respuestas a las preguntas de la 77 a la 80 en la siguiente información.

Un fotón con una longitud de onda de 2.29 x 10^{-7} metro encuentra un átomo de mercurio en el estado fundamental.

77–78 Calcule la energía, en joules, de este fotón. [Muestre todo el trabajo, incluyendo la ecuación y sustitución con unidades.] [2]

79 Determine la energía, en electronvoltios, de este fotón. [1]

80 Basado en su respuesta a la pregunta 79, exponga si este fotón puede ser absorbido por el átomo de mercurio. Explique su respuesta. [1]

Base sus respuestas a las preguntas de la 81 a la 85 en la siguiente información.

Un rayo de luz monocromática ($f = 5.09$ x 10^{14} Hz) pasa a través del aire y a través de un bloque transparente y rectangular, como se muestra en el siguiente diagrama.

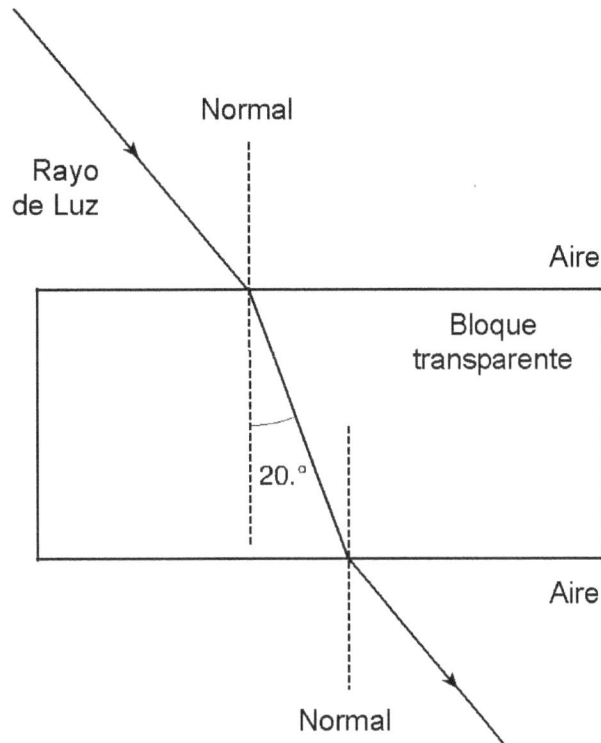

81 Usando un transportador, determine el ángulo de incidencia del rayo de luz mientras este entra en el bloque transparente desde el aire. [1]

82–83 Calcule el índice absoluto de refracción para el medio del bloque transparente. [Muestre todo el trabajo, incluyendo la ecuación y sustitución con unidades.] [2]

84–85 Calcule la rapidez del rayo de luz en el bloque transparente. [Muestre todo el trabajo, incluyendo la ecuación y sustitución con unidades.] [2]

La Universidad del Estado de Nueva York
EVALUACIÓN DE SECUNDARIA NIVEL REGENTS

ENTORNOS FÍSICOS
FÍSICA

Miércoles, 13 de Junio, 2012 — solo de 1:15 a 4:15 p.m.

Responda todas las preguntas en todas las partes de esta evaluación de acuerdo a las direcciones previstas en el folleto evaluativo.

Una hoja de respuestas separada para la Parte A y para la Parte B-1 se le ha otorgado a usted. Siga las instrucciones del coordinador para completar la información del estudiante en su hoja de respuestas. Registre sus respuestas a las preguntas de opción múltiple de la Parte A y la Parte B-1 en esta hoja de respuestas separada. Registre sus respuestas a las preguntas de la Parte B-2 y la Parte C en su folleto de respuestas separado. Asegúrese de llenar el encabezado en el frente de su folleto de respuestas.

Todas las respuestas en su folleto de respuestas deberán ser escritas en bolígrafo, excepto los gráficos y dibujos, que deberán ser hechos en lápiz. Usted podrá usar trozos de papel para resolver las respuestas a las preguntas, pero asegúrese de registrar todas sus respuestas en su hoja de respuestas separada o en su folleto de respuestas como se le dicto.

Una vez que usted haya terminado su evaluativo, debe firmar la declaración impresa en su hoja de respuestas separada, indicando que usted no tuvo conocimiento ilegal de las preguntas o de las respuestas antes del evaluativo y que usted no dio ni recibió asistencia respondiendo las preguntas durante el evaluativo. Su folleto de respuestas no podrá ser aceptado si usted no firma dicha declaración.

Notése...

Una calculadora gráfica o científica, una regla en centímetros, un transportador, y una copia de la *Edición del 2006 de las Tablas de Referencia para Entornos Físicos/Física,* la cual podrá necesitar para responder algunas preguntas en esta evaluación, deberá estar disponible para su uso mientras realiza esta evaluación.

El uso de dispositivos de comunicación está estrictamente prohibido mientras realiza esta evaluación. Si usted usa cualquier dispositivo de comunicación, sin importar cuan corto sea su uso, su evaluación será invalidada y ninguna puntuación se le calculará.

NO ABRA ESTE FOLLETO EVALUATIVO HASTA QUE LA SEÑAL SEA DADA.

Parte A

Responda todas las preguntas en esta parte.

Direcciones (1–35): Para *cada* declaración o pregunta, escoja la palabra o expresión que, de las dadas, mejor completa la declaración o responde la pregunta. Algunas preguntas podrían requerir el uso de la *Edición 2006 de las Tablas de Referencia para Entornos Físicos/Física*. Registre sus respuestas en hoja separada de respuestas.

Base sus respuestas a las preguntas 1 y 2 en la siguiente información.

En una ejercicio durante una práctica de básquet, un jugador corre el largo ida y vuelta de una cancha de 30 metros. El jugador hace esto tres veces en 60 segundos.

— 30. m —

(No dibujado a escala)

1 La magnitud del desplazamiento total del jugador tras hacer el ejercicio es

(1) 0.0 m   (3) 60. m
(2) 30. m   (4) 180 m

2 La rapidez promedio del jugador durante el ejercicio es

(1) 0.0 m/s   (3) 3.0 m/s
(2) 0.50 m/s   (4) 30. m/s

---

3 Una bola de béisbol es lanzada a un ángulo de $40.0°$ por encima de la horizontal. La componente horizontal de la velocidad inicial de la bola de béisbol es 12.0 metros sobre segundo. ¿Cuál es la magnitud de la velocidad inicial de la bola?

(1) 7.71 m/s   (3) 15.7 m/s
(2) 9.20 m/s   (4) 18.7 m/s

4 Una partícula puede tener una carga de

(1) 0.8×10^{-19} C   (3) 3.2×10^{-19} C
(2) 1.2×10^{-19} C   (4) 4.1×10^{-19} C

5 ¿Cuál objeto tiene la mayor inercia?

(1) una masa de 15-kg viajando a 5.0 m/s
(2) una masa de 10-kg viajando a 10. m/s
(3) una masa de 10-kg viajando a 5.0 m/s
(4) una masa de 5.0-kg viajando a 15 m/s

6 Un carro, inicialmente viajando hacia el este con una rapidez de 5.0 metros sobre segundo, se acelera uniformemente a 2.0 metros sobre segundo^2 hacia el este por 10 segundos a lo largo de una línea recta. Durante este intervalo de 10 segundos el carro viaja una distancia total de

(1) 50. m   (3) 1.0×10^2 m
(2) 60. m   (4) 1.5×10^2 m

7 ¿Qué situación describe a un objeto que *no* tiene una fuerza desbalanceada actuando sobre él?

(1) una manzana en caída libre
(2) un satélite orbitando la Tierra
(3) un disco de hockey moviéndose a velocidad constante a través del hielo
(4) un carrito de laboratorio moviéndose por una pendiente de 30° sin fricción hacia abajo

8 Un niño paseando en una bicicleta a 15 metros sobre segundo acelera a -3.0 metros sobre segundo^2 por 4.0 segundos. ¿Cuál es la rapidez del niño al final de este intervalo de 4.0 segundos?

(1) 12 m/s   (3) 3.0 m/s
(2) 27 m/s   (4) 7.0 m/s

9 Una fuerza desbalanceada de 40 newtons mantiene un objeto de 5.0 kilogramos viajando en un círculo con un radio de 2.0 metros. ¿Cuál es la rapidez del objeto?

(1) 8.0 m/s   (3) 16 m/s
(2) 2.0 m/s   (4) 4.0 m/s

10 Un bloque de 5.00 kilogramos se desliza a lo largo de un superficie horizontal y sin fricción a 10.0 metros sobre segundo por 4.00 segundos. La magnitud del momento del bloque es

(1) 200. kg•m/s   (3) 20.0 kg•m/s
(2) 50.0 kg•m/s   (4) 12.5 kg•m/s

11 Un disco de 0.50-kilogramo que se desliza en una mesa de shuffleboard se ralentiza hacia el reposo por una fuerza friccional de 1.2 newtons. ¿Cuál es el coeficiente de fricción cinética entre el disco y la superficie de la mesa de shuffleboard?

(1) 0.24   (3) 0.60
(2) 0.42   (4) 4.1

12 Un número de fuerzas horizontales de 1.0 newton son ejercidas en un bloque en una superficie horizontal y sin fricción. ¿Cuál diagrama visto desde arriba muestra las fuerzas produciendo la mayor magnitud de aceleración del bloque?

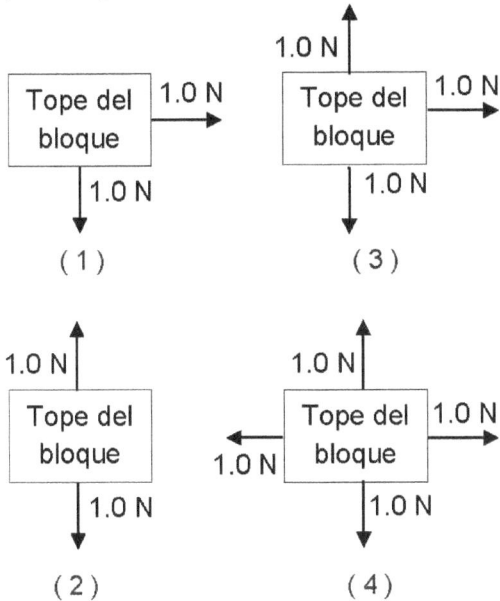

13 En un planeta pequeño, un astronauta usa una fuerza vertical de 175 newtons para levantar una roca de 87.5 kilogramos a velocidad constante a una altura de 0.350 metros sobre la superficie del planeta. ¿Cuál es la magnitud de la intensidad del campo gravitacional en la superficie del planeta?

(1) 0.500 N/kg   (3) 9.81 N/kg
(2) 2.00 N/kg   (4) 61.3 N/kg

14 Un carro usa sus frenos para detenerse en una carretera. Durante este proceso, debe haber una conversión de energía cinética en

(1) energía lumínica
(2) energía nuclear
(3) energía gravitacional potencial
(4) energía interna

15 ¿Cuál cambio disminuye la resistencia de una pieza de cable de cobre?

(1) incremento en la longitud del cable
(2) incremento en la resistividad del cable
(3) decremento en la temperatura del cable
(4) decremento en el diámetro del cable

16 Una piedra en el extremo de una cuerda se le da vueltas contra las agujas del reloj a rapidez constante en un círculo horizontal como se muestra en el siguiente diagrama.

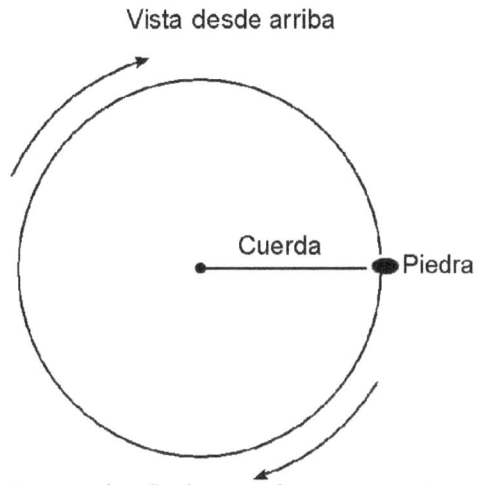

¿Qué par de flechas mejor representan las direcciones de la velocidad de la piedra, v, y aceleración, a, en la posición mostrada?

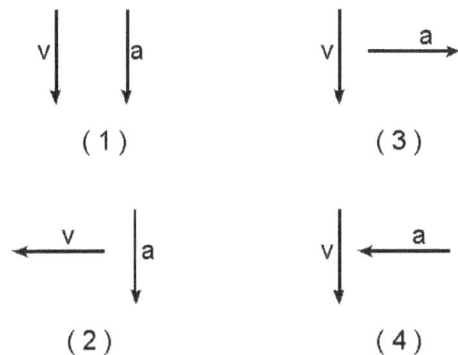

17 ¿Cuánto trabajo es hecho por una fuerza que levanta una hamburguesa de 0.1 kilogramo verticalmente hacia arriba a una velocidad constante 0.3 metro desde una mesa?

(1) 0.03 J   (3) 0.3 J
(2) 0.1 J   (4) 0.4 J

18 Dos electrones están separados por una distancia de $3.00 \cdot 10^{-6}$ metro. ¿Cuáles son la magnitud y la dirección de las fuerzas electroestáticas que cada una ejerce en el otro?

(1) 2.56×10^{-17} N lejos el uno del otro
(2) 2.56×10^{-17} N hacia el otro
(3) 7.67×10^{-23} N lejos el uno del otro
(4) 7.67×10^{-23} N hacia el otro

19 ¿Qué objeto tendrá el mayor cambio en energía eléctrica?

(1) un electrón que se movió a través de una diferencia potencial de 2.0 V
(2) una esfera de metal con una carga de 1.0×10^{-9} que se movió a través de una diferencia potencial de 2.0 V
(3) un electrón que se movió a través de una diferencia potencial de 4.0 V
(4) una esfera de metal con una carga de 1.0×10^{-9} que se movió a través de una diferencia potencial de 4.0 V

20 La resistencia de un circuito permanece constante. ¿Cuál gráfica mejor representa la relación entre la corriente en el circuito y la diferencia potencial suministrada por la batería?

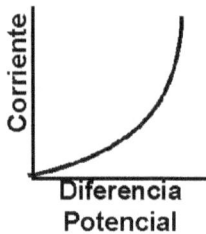
Diferencia Potencial
(1)

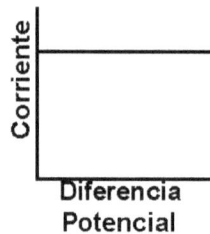
Diferencia Potencial
(3)

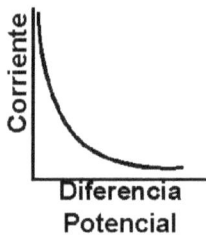
Diferencia Potencial
(2)

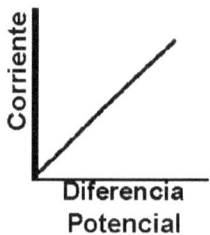
Diferencia Potencial
(4)

21 La longitud de onda se duplica al viajar desde el medio A hacia adentro del medio B. Comparado a la onda en el medio A, la onda en el medio B tiene

(1) mitad de la rapidez
(2) dos veces la rapidez
(3) mitad de la frecuencia
(4) dos veces la frecuencia

22 El vatio•segundo es una unidad de

(1) potencia
(2) energía
(3) diferencia potencial
(4) intensidad de campo eléctrico

23 ¿Qué cantidad tiene tanto una magnitud como una dirección?

(1) energía   (3) potencia
(2) impulso   (4) trabajo

24 Un diapasón vibra a una frecuencia de 512 hertz cuando se golpea con un martillo de goma. El sonido producido por el diapasón viajará por el aire como una

(1) onda longitudinal con moléculas de aire vibrando paralelo a la dirección del viaje
(2) onda transversal con moléculas de aire vibrando paralelo a la dirección del viaje
(3) onda longitudinal con moléculas de aire vibrando perpendicularmente a la dirección del viaje
(4) onda transversal con moléculas de aire vibrando perpendicularmente a la dirección del viaje

25 Un resistor de 3-ohm y un resistor de 6-ohm están conectados en paralelo a través de una batería de 9 voltios. ¿Qué declaración mejor compara la diferencia potencial a través de cada resistor?

(1) La diferencia potencial a través del resistor de 6-ohm es la misma que la diferencia potencial a través del resistor de 3-ohm
(2) La diferencia potencial a través del resistor de 6-ohm es dos veces mayor que la diferencia potencial a través del resistor de 3-ohm
(3) La diferencia potencial a través del resistor de 6-ohm es la mitad de la diferencia potencial a través del resistor de 3-ohm.
(4) La diferencia potencial a través del resistor de 6-ohm es cuatro veces que la diferencia potencial a través del resistor de 3-ohm

26 Una batería de 3.6 voltios es usada para operar un celular por 5.0 minutos. Si el celular disipa 0.064 vatios de potencia durante su operación, la corriente que pasa a través del celular es

(1) 0.018 A   (3) 19 A
(2) 5.3 A   (4) 56 A

27 Un rayo monocromático de luz tiene una frecuencia de $7.69 \cdot 10^{14}$ hertz. ¿Cuánto es la energía de un fotón de esta luz?

(1) 2.59×10^{-40} J   (3) 5.10×10^{-19} J
(2) 6.92×10^{-31} J   (4) 3.90×10^{-7} J

28 Una carga de prueba de 3.00 x 10^{-9}-coulomb es puesta cerca de una esfera de metal negativamente cargada. La esfera ejerce una fuerza electroestática de magnitud de 6.00 x 10^{-5} newton en la carga de prueba. ¿Cuál es la magnitud y la dirección de la intensidad del campo eléctrico en esta ubicación?

(1) 2.00 x 10^4 N/C dirigidos lejos de la esfera

(2) 2.00 x 10^4 N/C dirigidos hacia la esfera

(3) 5.00 x 10^{-5} N/C dirigido lejos de la esfera

(4) 5.00 x 10^{-5} N/C dirigido hacia la esfera

29 ¿Cuál es la característica de tanto las ondas de sonido como las ondas electromagnéticas?

(1) Ellas requieren un medio.
(2) Ellas transfieren energía.
(3) Ellas son ondas mecánicas
(4) Ellas son ondas longitudinales

30 Un objeto pequeño es dejado caer a través de un bucle de cable conectado a un amperímetro sensible en el borde de una mesa, como se muestra en el siguiente diagrama

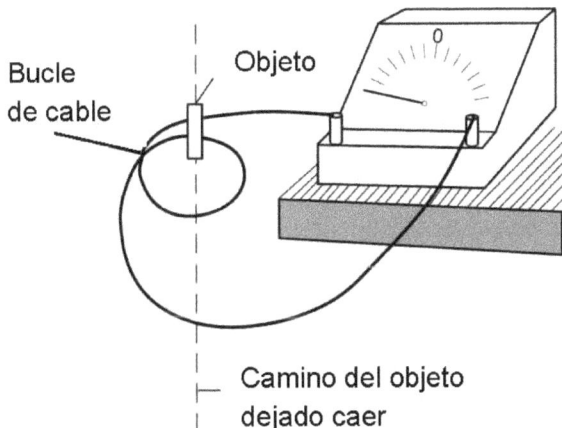

Una lectura del amperímetro lo más probable es que se produzca cuando el objeto cayendo a través del bucle de cable es una

(1) batería de una linterna   (3) masa de latón

(2) barra magnética   (4) regla de plástico

31 ¿Cuál es la longitud de onda de una onda de sonido de 2.50-kilohertz viajando a 326 metros sobre segundo a través del aire?

(1) 0.130 m   (3) 7.67 m

(2) 1.30 m   (4) 130. m

32 El ultrasonido es una técnica médica que transmite ondas de sonido a través de los tejidos suaves en el cuerpo humano. Las ondas de ultrasonido pueden romper los cálculos en los riñones en pequeños fragmentos, lo que hace más fácil que sean excretadas sin dolor. ¿El rompimiento de los cálculos en los riñones con frecuencias específicas de ondas de sonido es una aplicación de qué fenómeno de ondas?

(1) el efecto Doppler   (3) refracción

(2) reflexión   (4) resonancia

33 En el siguiente diagrama, una fuente estacionaria ubicada en el punto S produce sonido teniendo una frecuencia constante de 512 hertz. El observador A, a 50 metros a la izquierda de S, escucha una frecuencia de 512 hertz. El observador B, 100 metros a la derecha de S, escucha una frecuencia menor que 512 hertz.

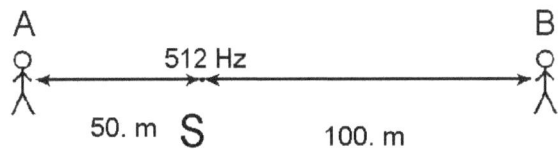

¿Cuál declaración mejor describe el movimiento de los observadores?

(1) El observador A se mueve hacia el punto S, y el observador B es estacionario.

(2) El observador A se mueve lejos del punto S, y el observador B es estacionario.

(3) El observador A es estacionario, y el observador B se mueve hacia el punto S.

(4) El observador A es estacionario, y el observador B se mueve lejos del punto S.

34 Mientras está sentado en un bote, un pescador observa que dos olas completas pasan su posición cada 4 segundos. ¿Cuál es el periodo de esas olas?

(1) 0.5 s   (3) 8 s

(2) 2 s   (4) 4 s

35 Una onda pasa a través de una apertura en una barrera. La cantidad de difracción experimentada por la onda depende del tamaño de la apertura y de esta parte de la onda

(1) amplitud   (3) velocidad

(2) longitud de onda   (4) fase

Parte B–1

Responda todas las preguntas en esta parte.

Direcciones (36–50): Para *cada* declaración o pregunta, escoja la palabra o expresión que, de las dadas, mejor completa la declaración o responde la pregunta. Algunas preguntas podrían requerir el uso de la *Edición 2006 de las Tablas de Referencia para Entornos Físicos/Física*. Registre sus respuestas en hoja separada de respuestas.

36 El largo de un campo de fútbol se aproxima a

   (1) 1000 cm   (3) 1000 km
   (2) 1000 dm   (4) 1000 mm

37 Un estudiante en una atracción de un parque de diversiones se mueve en una vía circular con un radio de 3.5 metros una vez cada 8.9 segundos. El estudiante se mueve a una rapidez promedio de

   (1) 0.39 m/s   (3) 2.5 m/s
   (2) 1.2 m/s   (4) 4.3 m/s

38 Cuando una carreta de 1.0-kilogramo con una rapidez de 0.50 metro sobre segundo en una superficie horizontal choca con una segunda carreta de 1.0-kilogramo inicialmente en reposo, las carretas se enlazan. ¿Cuál es la rapidez de las carretas combinadas tras el choque? [Omita fricción.]

   (1) 1.0 m/s   (3) 0.25 m/s
   (2) 0.50 m/s   (4) 0 m/s

39 Dos elevadores, A y B, se mueven a una rapidez constante. El elevador B se mueve con una rapidez dos veces mayor a la del elevador A. El elevador B pesa dos veces más que el elevador A. Comparado a la potencia necesaria para levantar el elevador A, la potencia necesaria para levantar el elevador B es

   (1) la misma   (3) la mitad
   (2) dos veces mayor   (4) cuatro veces mayor

40 ¿Cuál es la altura máxima a la cual un motor que tiene una tasa de potencia de 20.4 vatios puede levantar una piedra de 5.00-kilogramo verticalmente en 10.0 segundos?

   (1) 0.0416 m   (3) 4.16 m
   (2) 0.408 m   (4) 40.8 m

41 ¿Cuál es la corriente en un cable si $3.4 \cdot 10^{19}$ electrones pasan por un punto en este cable cada 60 segundos?

   (1) 1.8×10^{-18} A   (3) 9.1×10^{-2} A
   (2) 3.1×10^{-11} A   (4) 11 A

42 ¿Cuál gráfica representa la relación entre la magnitud de la fuerza gravitacional ejercida por la Tierra en una nave espacial y la distancia entre el centro de la nave y el centro de la Tierra? [Asuma masa constante para la nave espacial.]

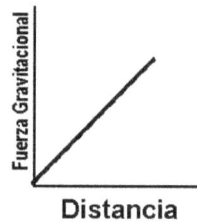
(1)

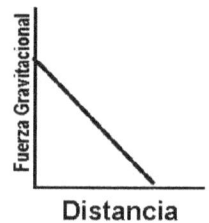
(3)

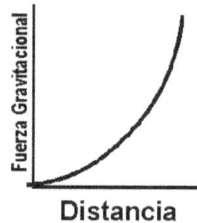
(2)

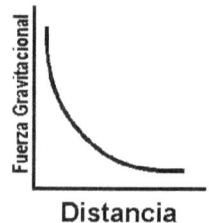
(4)

43 Para incrementar la luminosidad de una lámpara de escritorio, un estudiante reemplaza un bombillo incandescente de 50-vatios con un bombillo incandescente de 100-vatios. Comparado al bombillo de 50-vatios, el bombillo de 100-vatios tiene

   (1) menos resistencia y atrae más corriente
   (2) menos resistencia y atrae menos corriente
   (3) más resistencia y atrae más corriente
   (4) más resistencia y atrae menos corriente

44 Los electrones en átomos de hidrógeno excitados están en el nivel de energía $n = 3$. ¿Cuántas frecuencias de fotones diferentes pueden ser emitidas mientras los átomos regresan al estado fundamental?

   (1) 1   (3) 3
   (2) 2   (4) 4

45 El siguiente diagrama representa una configuración para una demostración de movimiento.

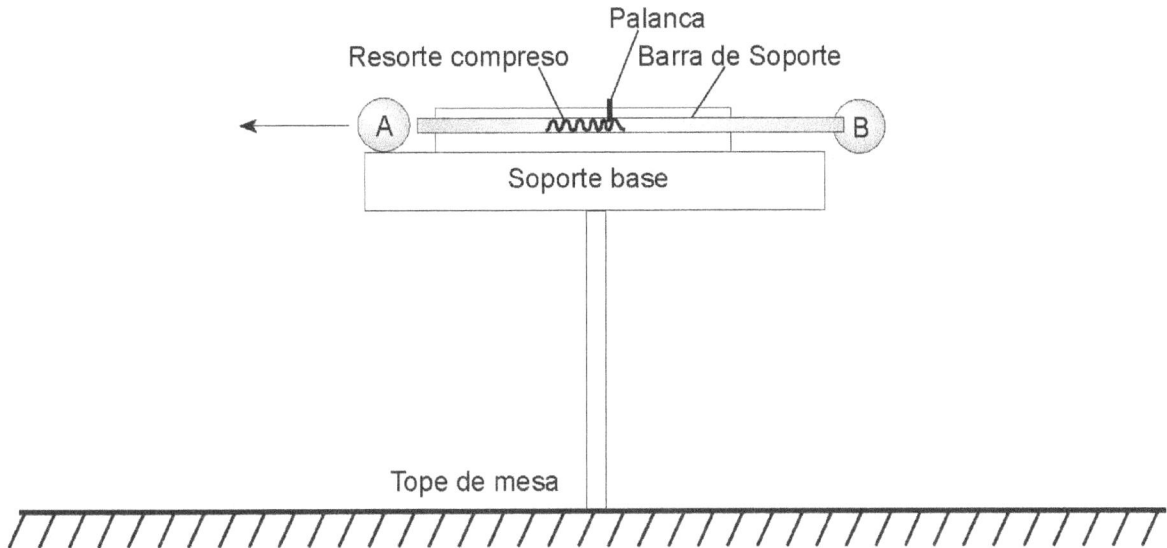

Cuando la palanca es liberada, la barra de soporte se repliega de la bola B, dejándola caer. En ese mismo instante, la barra hace contacto con la bola A, propulsándola horizontalmente hacia la izquierda. ¿Qué declaración describe el movimiento que es observado después que la palanca es liberada y la bola cae? [Omita fricción.]

(1) La bola A viaja a velocidad constante.
(2) La bola A golpea el tope de mesa al mismo tiempo que la bola B.
(3) La bola B golpea el tope de mesa antes que la bola A.
(4) La bola B viaja con una aceleración creciente.

46 Dos cornetas, S_1 y S_2, operando en fase en el mismo medio producen los patrones de onda circular mostrados en el siguiente diagrama.

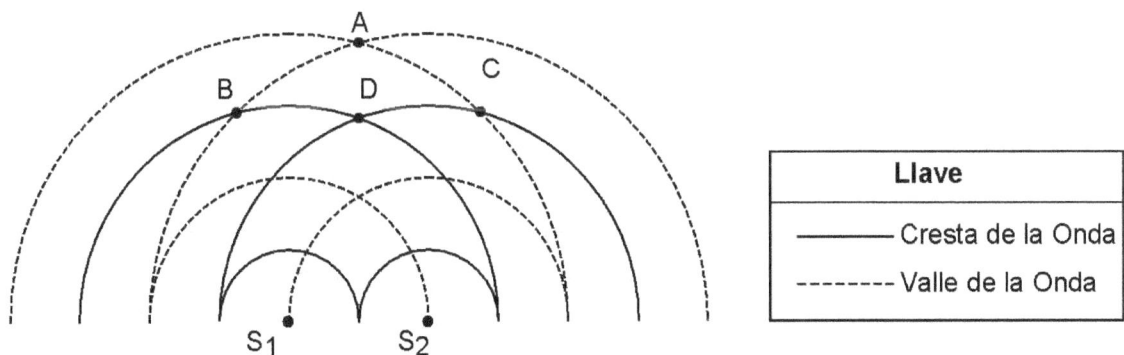

¿En qué dos puntos ocurre la interferencia constructiva?

(1) A y B
(2) A y D
(3) B y C
(4) B y D

47 Un niño de 100.0-kilogramos y una niña de 50.0-kilogramo, cada uno sosteniendo un resorte de escala, halan uno contra el otro como se muestra en el siguiente diagrama.

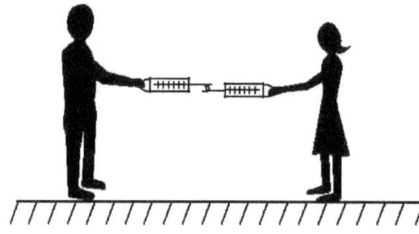

La siguiente gráfica muestra la relación entre la magnitud de la fuerza que el niño aplica en su resorte de escala y el tiempo.

Fuerza del niño vs. Tiempo

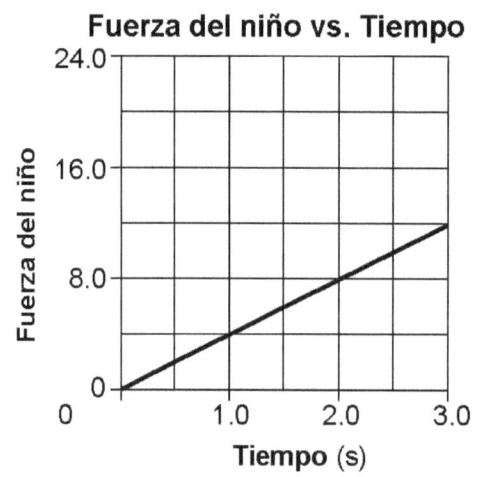

Tiempo (s)

¿Cuál gráfica mejor representa la relación entre la magnitud de la fuerza que la niña aplica en su resorte de escala y el tiempo?

Fuerza de la niña vs tiempo	Fuerza de la niña vs tiempo	Fuerza de la niña vs tiempo	Fuerza de la niña vs tiempo
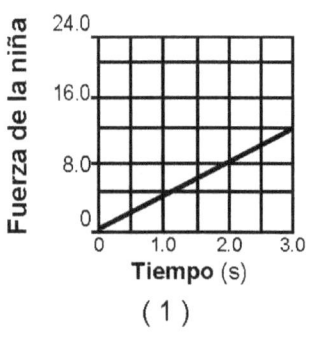	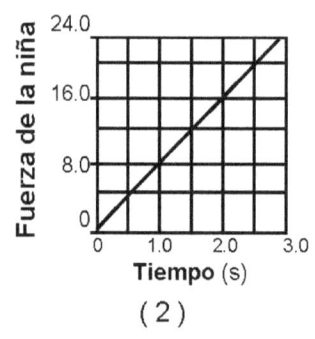	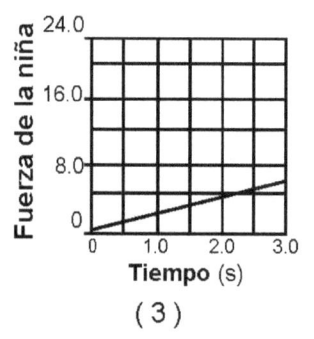	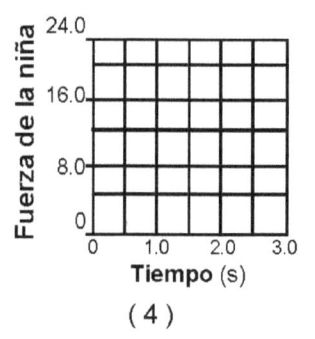
(1)	(2)	(3)	(4)

48 ¿En cuál diagrama las líneas de campo mejor representan el campo gravitacional alrededor de la Tierra?

(1)

(3)

(2)

(4)

49 Un rayo de luz ($f = 5.09 \times 10^{14}$ Hz) viaja a través de varias sustancias. ¿Cuál gráfica mejor representa la relación entre el índice absoluto de refacción de esas sustancias y la correspondiente rapidez de la luz en esas sustancias?

(1)

(3)

(2)

(4)

50 Un péndulo está hecho de una masa de 7.50-kilogramo unido a una cuerda conectada al techo de un gimnasio. La masa es empujada hacia un lado hasta que está en la posición A, 1.5 metros por encima de su posición en equilibrio. Tras ser liberado del descanso en la posición A, el péndulo se mueve libremente ida y vuelta entre las posiciones A y B, como se muestra en el siguiente diagrama.

¿Cuál es la cantidad total de energía cinética que tiene la masa mientras oscila libremente en su posición de equilibrio? [Omita fricción.]

(1) 11 J   (3) 110 J
(2) 94 J   (4) 920 J

Parte B–2

Responda todas las preguntas en esta parte.

Direcciones (51–65): Registre sus respuestas en los espacios previstos en su folleto de respuestas. Algunas preguntas podrían requerir el uso de la *Edición 2006 de las Tablas de Referencia para Entornos Físicos/Física.*

Base sus respuestas a las preguntas de la 51 a la 53 en la siguiente información.

Un estudiante produjó varias elongaciones de un resorte al aplicar una serie de fuerzas al resorte, La siguiente gráfica representa la relación entre la fuerza aplicada y la elongación del resorte.

Fuerza vs. Elongación

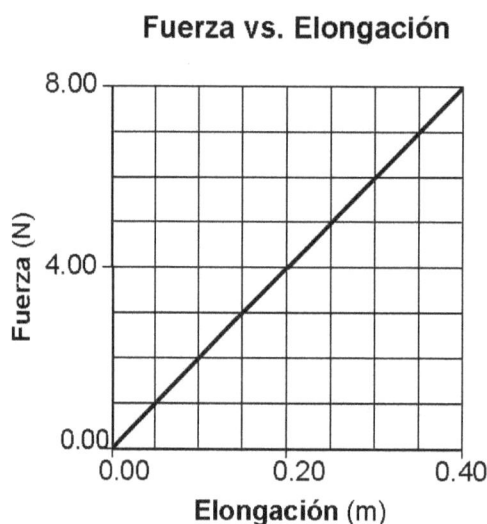

51 Determine la constante de resorte del resorte. [1]

52–53 Calcule la energía acumulada en el resorte cuando la elongación es 0.30 metro. [Muestre todo el trabajo, incluyendo la ecuación y sustitución con las unidades.] [2]

54–55 Calcule el tiempo requerido para que una fuerza de 6000.-newton detenga un carro de 1200.-kilogramos viajando inicialmente a 10 metros sobre segundo. [Muestre todo el trabajo, incluyendo la ecuación y la sustitución con unidades.] [2]

56–57 Un cohete de juguete se lanza al aire desde el suelo y se regresa al suelo. El cohete al comienzo es lanzado con velocidad inicial *v* a un ángulo de 45° por encima de la horizontal. Es lanzado una segunda vez con la misma velocidad inicial, pero con el ángulo de lanzamiento aumentado a 60° por encima de la horizontal. Describa como *ambos*, la distancia total horizontal que el cohete viaja y como en el tiempo en el aire se ven afectados por el aumento en el ángulo de lanzamiento. [Omita fricción.] [2]

58–59 Calcule la magnitud de la fuerza gravitacional promedio entre la Tierra y la Luna. [Muestre todo el trabajo, incluyendo la ecuación y la sustitución con unidades.] [2]

Base sus respuestas a las preguntas de la 60 a la 63 en la siguiente información.

Un resistor de 15-ohm y un resistor de 20-ohm están conectados en paralelo con una batería de 9.0-voltios. Un amperímetro simple se conecta para medir la corriente total del circuito.

60–61 En el espacio *en su folleto de respuestas,* dibuje un diagrama de este circuito usando símbolos de la *Tabla de Referencia para Entornos Físicos/Física.* [Asuma la disponibilidad de cualquier número de cables de resistencia insignificante.] [2]

62–63 Calcule la resistencia equivalente del circuito. [Muestre todo el trabajo, incluyendo la ecuación y la sustitución con unidades.] [2]

Base sus respuestas a las preguntas 64 y 65 en el siguiente diagrama, el cual muestra una onda en una cuerda.

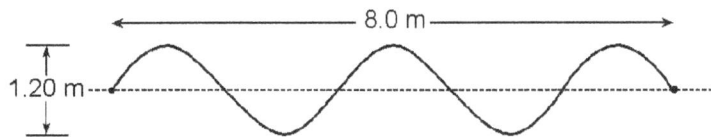

64 Determine la longitud de onda de la onda. [1]

65 Determine la amplitud de la onda. [1]

Responda todas las preguntas en esta parte.

Direcciones (66–85): Registre sus respuestas en los espacios previstos en su folleto de respuestas. Algunas preguntas podrían requerir el uso de la *Edición 2006 de las Tablas de Referencia para Entornos Físicos/Física.*

Base sus respuestas a las preguntas de la 66 a la 70 en la siguiente información.

Un corredor acelera uniformemente desde reposo a una rapidez de 8.00 metros sobre segundo. La energía cinética del corredor fue determinada en intervalos de 2.00-metros-sobre-segundo y registrada en la siguiente tabla de datos.

Tabla de Datos

Rapidez (m/s)	Energía Cinética (J)
0.00	0.00
2.00	140.
4.00	560.
6.00	1260
8.00	2240

Direcciones (66–67): Usando la información de la tabla, construya una gráfica en la rejilla *en su folleto de respuestas* siguiendo las direcciones de abajo.

66 Trace los datos para la energía cinética del corredor versus su rapidez. [1]

67 Dibuje una línea o curva que mejor se ajuste. [1]

68–69 Calcule la masa del corredor. [Muestre todo el trabajo, incluyendo la ecuación y la sustitución con unidades.] [2]

70 Un jugador de futbol que tiene menos masa que el corredor también acelera uniformemente desde reposo a una rapidez de 8.00 metros sobre segundo. Compare la energía cinética del jugador de futbol con menos masa con la del corredor con más masa cuando ambos viajan a la misma rapidez. [1]

Base sus respuestas a las preguntas de la 71 a la 75 en la siguiente información.

Un río tiene una corriente que fluye con una velocidad de 2.0 metros sobre segundo hacia el este. Un bote está a 75 metros de la ribera norte. El bote viaja a 3.0 metros sobre segundo relativo al río y se dirige hacia el norte. En el siguiente diagrama, el vector comenzando en el punto P representa la velocidad del bote relativa al agua del río.

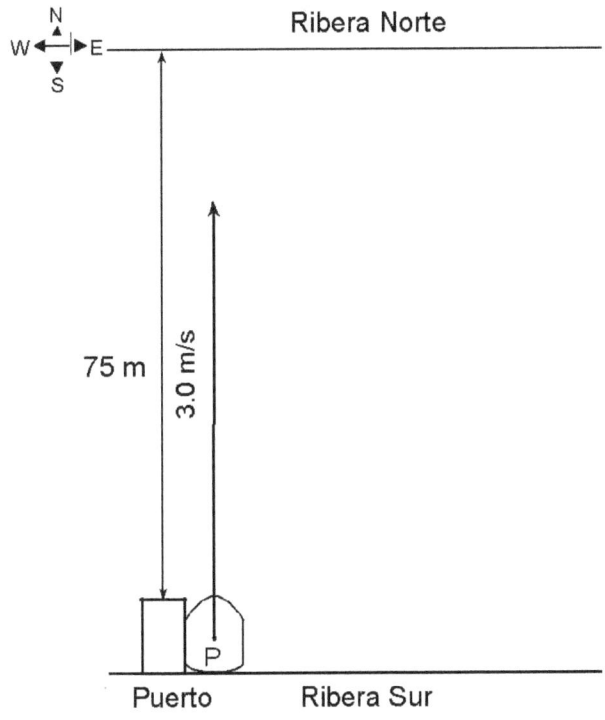

71–72 Calcule el tiempo requerido para que el bote cruce el río. [Muestre todo el trabajo, incluyendo la ecuación y sustitución con unidades.] [2]

73 En el diagrama *en su folleto de respuestas,* use una regla y un transportador para construir un vector representado la velocidad de la corriente del río. Comience el vector en el punto P y use una escala de 1.0 centímetro = 0.50 metro sobre segundo. [1]

74–75 Calcule *o* encuentre gráficamente la magnitud de la velocidad resultante del bote. [Muestre todo el trabajo, incluyendo la ecuación y la sustitución con unidades *o* construya el vector de velocidad resultante *en su folleto de respuestas* para la pregunta 73, usando una escala de 1.0 centímetro = 0.50 metro sobre segundo. El valor de la magnitud debe ser escrito *en su folleto de respuestas* en el espacio para las preguntas 74-75.] [2]

Base sus respuestas a las preguntas de la 76 a la 80 en la siguiente información.

Un rayo de luz ($f = 5.09 \times 10^{14}$ Hz) es refractado al viajar desde el agua hasta vidrio de pedernal. El camino del rayo de luz en el vidrio de pedernal se muestra en el siguiente diagrama.

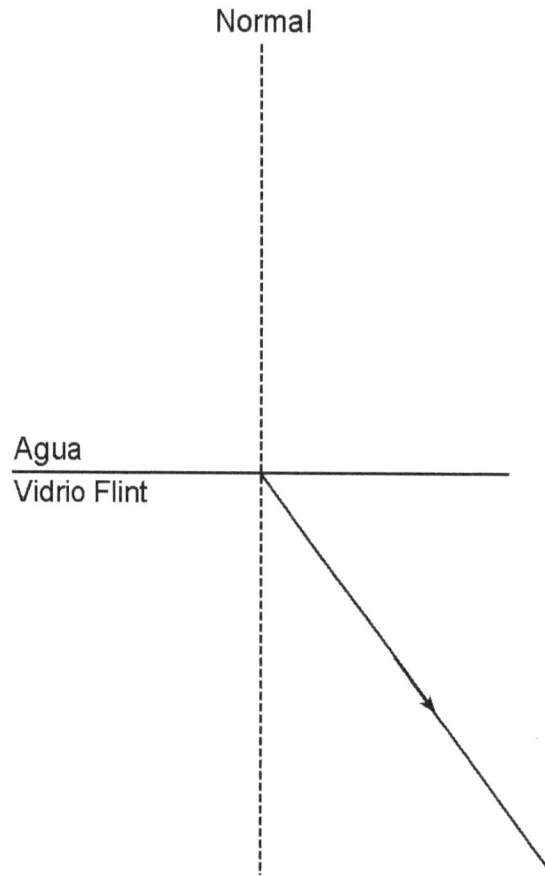

76 Usando un transportador, mida el ángulo de refracción del rayo de luz en el vidrio flint. [1]

–78 Calcule el ángulo de incidencia para el rayo de luz en agua. [Muestre todo el trabajo, incluyendo la ecuación y sustitución con unidades.] [2]

79 Usando un transportador y una regla, en el diagrama *en su folleto de respuestas*, dibuje el camino del rayo de luz incidente en el agua. [1]

80 Identifique *un* suceso físico, distinto a transmisión o refracción, que ocurre mientras la luz interactúa con límite agua-vidrio flint. [1]

Base sus respuestas a las preguntas de la 81 a la 85 en la siguiente información.

Dos experimentos que están siendo hechos simultáneamente en el Laboratorio Nacional Fermi en Batavia, Ill., han observado una nueva partícula llamado barión Xi o partícula en cascada. Es uno de los ejemplos más masivos de un barión hasta ahora—una clase de partículas hechas de tres quarks juntos unidos por la fuerza nuclear fuerte—y el primero que contiene un quark de alguna de las tres familias conocidas, o generaciones, de estas partículas elementales.

Los protones y neutrones están hechos de quarks arriba y quarks abajo, los dos quarks de primera generación. Los quarks extraños y encantados constituyen la segunda generación, mientras que quark superior y quark inferior completan la tercera. Los físicos han conjeturado por largo tiempo que un quark abajo se podría combinar con uno extraño y un quark inferior para formar el barión cascada que incluye tres generaciones.

El 13 de Junio, los científicos utilizando el Dzero, uno de los detectores en el acelerador Tevatrón de Fermilab, anunciaron que ellos habían detectado lluvias de partículas características de la desintegración de bariones cascada. Los bariones formaron colisiones protón-antiprotón y vivieron no más que un trillón de segundo. Una semana después, los físicos en el CDF, el otro detector del Tevatrón, reportaron su propia observación del barión...

Fuente: D.C., "Pas de deux for a three-scoop particle," *Science News*, Vol. 172, 7 de Julio, 2007

81 ¿Cuál combinación de *tres* quarks producirá un neutrón? [1]

82 ¿Cuál es la magnitud y el signo de la carga, en cargas elementales, de un barión cascada? [1]

83 El nombre del Tevatrón se deriva del teraelectronvoltio, la máxima energía que se puede impartir a una partícula. Determine la energía, en joules, equivalente a 1.00 teraelectronvoltio. [1]

84–85 Calcule el máximo total de masa, en kilogramos, de partículas que podrían ser creadas en la colisión frontal de un protón y un antiprotón, cada uno teniendo una energía de 1.60×10^{-7} joule. [Muestre todo el trabajo, incluyendo la ecuación y la sustitución con unidades.] [2]

La Universidad del Estado de Nueva York
EVALUACIÓN DE SECUNDARIA NIVEL REGENTS

ENTORNOS FÍSICOS
FÍSICA

Jueves, 13 de Junio, 2013 — solo de 1:15 a 4:15 p.m.

Responda todas las preguntas en todas las partes de esta evaluación de acuerdo a las direcciones previstas en el folleto de evaluación.

Una hoja separada de respuestas para la Parte A y para la Parte B-1 se le ha otorgado a usted. Siga las instrucciones del coordinador para completar la información del estudiante en su hoja de respuestas. Registre sus respuestas a las preguntas de opción múltiple de la Parte A y la Parte B-1 en esta hoja separada de respuestas. Registre sus respuestas a las preguntas de la Parte B-2 y la Parte C en su folleto de respuestas separado. Asegúrese de llenar el encabezado en el frente de su folleto de respuestas.

Todas las respuestas en su folleto de respuestas deben ser escritas en bolígrafo, excepto por los gráficos y los dibujos, los cuales deben ser hechos en lápiz. Usted puede usar trozos de papel para resolver las respuestas a las preguntas, pero asegúrese de registrar todas sus preguntas en su hoja de respuestas separada o en su folleto de respuestas como se le dijo.

Una vez que haya finalizado la evaluación, usted debe firmar la declaración impresa en su hoja separada de respuestas, indicando que usted no tuvo conocimiento ilegal de las preguntas o respuestas previo a la evaluación y que usted no dio ni recibió asistencia respondiendo las preguntas durante la evaluación. Su hoja de respuestas y folleto de respuestas no podrán ser aceptados si usted no firma esta declaración.

Notése. . .

Una calculadora científica o gráfica, una regla en centímetros, un transportador, y una copia de la *Edición 2006 de las Tablas de Referencia para Entornos Físicos/Física,* la cual podrá necesitar para responder algunas preguntas, deberán estar disponibles mientras realiza esta evaluación.

NO ABRA ESTE FOLLETO EVALUATIVO HASTA QUE SEA DADA LA SEÑAL.

Parte A

Responda todas las preguntas en esta parte.

Direcciones (1–35): Para *cada* declaración o pregunta, escoja la palabra o expresión que, de las dadas, mejor complete la declaración o responda la pregunta. Algunas preguntas quizás requieran el uso de la *Edición 2006 de las Tablas de Referencia para Entornos Físicos/Física*. Registre sus respuestas en su hoja separada de respuestas.

1 ¿Cuál término identifica una cantidad escalar?

  (1) desplazamiento   (3) velocidad
  (2) momento   (4) tiempo

2 Dos fuerzas de 20 newtons actúan concurrentemente en un objeto. ¿Qué ángulo entre estas fuerzas producirá una fuerza resultante con la mayor magnitud?

  (1) 0°   (3) 90.°
  (2) 45°   (4) 180.°

3 Un auto que viaja hacia el oeste en una línea recta en una autopista disminuye su rapidez desde 30.0 metros sobre segundo a 23.0 metros sobre segundo en 2.00 segundos. La aceleración promedio del auto durante este intervalo de tiempo es

  (1) 3.5 m/s^2 este   (3) 13 m/s^2 este
  (2) 3.5 m/s^2 oeste   (4) 13 m/s^2 oeste

4 En una carrera, una corredora viajó 12 metros en 4.0 segundos mientras aceleraba uniformemente desde reposo. La magnitud de la aceleración de la corredora es

  (1) 0.25 m/s^2 (3) 3.0 m/s^2
  (2) 1.5 m/s^2 (4) 48 m/s^2

5 Un proyectil es lanzado a un ángulo por encima del suelo. La componente horizontal de la velocidad del proyectil, v_x, inicialmente es 40 metros sobre segundo. La componente vertical de la velocidad del proyectil v_y, inicialmente es 30 metros sobre segundo. ¿Cuáles son las componentes de la velocidad del proyectil tras 2.0 segundos de vuelo? [Omita fricción.]

  (1) v_x = 40. m/s y v_y = 10. m/s
  (2) v_x = 40. m/s y v_y = 30. m/s
  (3) v_x = 20. m/s y v_y = 10. m/s
  (4) v_x = 20. m/s y v_y = 30. m/s

6 Una bola es lanzada con una rapidez inicial de 10 metros sobre segundo. ¿A qué ángulo por encima de la horizontal debería lanzarse la bola para que alcance la mayor altura?

  (1) 0°   (3) 45°
  (2) 30.°   (4) 90.°

7 ¿Cuál objeto tiene la mayor inercia?

  (1) una bala de 0.010-kg viajando a 90 m/s
  (2) una niña de 30.-kg viajando a 10 m/s en su bicicleta
  (3) un elefante de 490-kg caminando con una rapidez de 1.0 m/s
  (4) un carro de 1500-kg que está en reposo en un estacionamiento

8 Un bloque de madera de 8.0-newton se desliza a través de un piso horizontal de madera a una velocidad constante. ¿Cuál es la magnitud de la fuerza de fricción cinética entre el bloque y el piso?

  (1) 2.4 N   (3) 8.0 N
  (2) 3.4 N   (4) 27 N

9 ¿Cuál situación representa a una persona en equilibrio?

  (1) un niño ganando rapidez mientras se desliza en un tobogán
  (2) una mujer que acelera hacia arriba en un elevador
  (3) un hombre de pie en un peso en el baño
  (4) un adolescente manejando alrededor de una esquina en su auto

10 Una roca es lanzada hacia arriba en el aire. En el mayor punto del camino de la roca, la magnitud de la fuerza neta actuando en la roca es

  (1) menos que la magnitud del peso de la roca, pero mayor que cero
  (2) mayor que la magnitud del peso de la roca
  (3) igual a la magnitud del peso de la roca
  (4) cero

11 El siguiente diagrama muestra un resorte compreso entre dos carretas inicialmente en reposo en una superficie horizontal sin fricción. La carreta A tiene una masa de 2 kilogramos y la carreta B tiene una masa de 1 kilogramo. Una cuerda mantiene las carretas juntas.

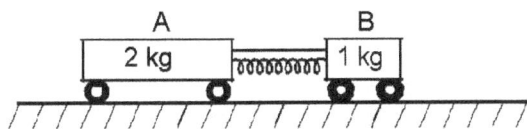

La cuerda es cortada y las carretas se separan. Comparado a la magnitud de la fuerza que el resorte ejerce en la carreta *A*, la magnitud de la fuerza que el resorte ejerce en la carreta *B* es

(1) la misma   (3) dos veces mayor

(2) la mitad   (4) cuatro veces mayor

12 Un bloque de 8.0-newton está acelerando bajo una rampa sin fricción inclinada a 15° con respecto a la horizontal, como se muestra en el siguiente diagrama.

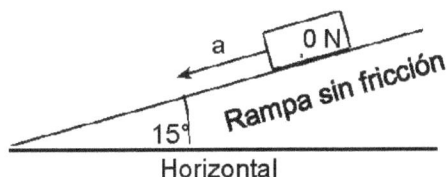

¿Cuál es la magnitud de la fuerza neta que causa la aceleración del bloque?

(1) 0 N   (3) 7.7 N

(2) 2.1 N   (4) 8.0 N

13 En una determinada ubicación, una fuerza gravitacional con una magnitud de 350 newtons actúa en un astronauta de 70.-kilogramos. ¿Cuál es la magnitud de la intensidad del campo gravitacional en esta ubicación?

(1) 0.20 kg/N   (3) 9.8 m/s^2

(2) 5.0 N/kg   (4) 25 000 N·kg

14 Un resorte gana 2.34 joules de energía potencial elástica mientras es comprimido 0.250 metro desde su posición en equilibrio. ¿Cuál es la constante de resorte de este resorte?

(1) 9.36 N/m   (3) 37.4 N/m

(2) 18.7 N/m   (4) 74.9 N/m

15 Cuando un maestro brilla una luz en una fotocelda adjunta a un ventilador, las aspas del ventilador giran. Mientras más brillante es la luz, más rápido giran las aspas. ¿Qué conversión de energía es ilustrada por esta demostración?

(1) lumínica → térmica → mecánica

(2) lumínica → nuclear → térmica

(3) lumínica → eléctrica → mecánica

(4) lumínica → mecánica → química

16 ¿Cuál declaración describe una característica en común para todas las ondas electromagnéticas y todas las ondas mecánicas?

(1) Ambos tipos de ondas viajan a la misma rapidez.

(2) Ambos tipos de ondas requieren un medio material para la propagación.

(3) Ambos tipos de ondas se propagan en un vacío.

(4) Ambos tipos de ondas transfieren energía.

17 Una onda electromagnética es producida por partículas cargadas vibrando a una tasa de 3.9×10^8 vibraciones por segundo. La onda electromagnética es clasificada como

(1) una onda radial   (3) un rayo x

(2) una onda infrarroja   (4) luz visible

18 La energía de una onda de sonido está relacionada más cercanamente a esta parte de la onda

(1) frecuencia   (3) longitud de onda

(2) amplitud   (4) rapidez

19 Una onda de sonido viajando hacia al este por el aire causa que las moléculas de aire

(1) vibren al este y oeste

(2) vibren al norte y sur

(3) se muevan solo hacia el este

(4) se muevan solo hacia el norte

20 ¿Cuál es la velocidad de la luz ($f = 5.09 \times 10^{14}$ Hz) en alcohol etílico?

(1) 4.53×10^{-9} m/s   (3) 1.24×10^8 m/s

(2) 2.43×10^2 m/s   (4) 2.21×10^8 m/s

21 En el siguiente diagrama, un péndulo ideal liberado desde la posición *A* se balancea libremente hacia la posición *B*

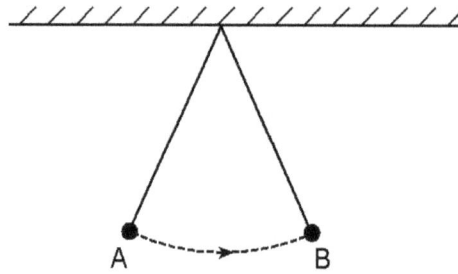

Mientras el péndulo se balancea desde *A* hasta *B*, su energía mecánica total

(1) disminuye, luego aumenta

(2) solo aumenta

(3) aumenta, luego disminuye

(4) se mantiene

22 El siguiente diagrama representa una onda periódica.

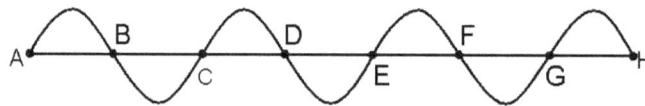

¿Que dos puntos en la onda están fuera de fase?

(1) *A* y *C*

(2) *B* y *F*

(3) *C* y *E*

(4) *D* y *G*

23 Una vara de plástico seco se frota con un paño de lana y luego se mantiene cerca de una corriente fina de agua que cae de un grifo. El camino de la corriente de agua es cambiado, como se representa en el siguiente diagrama.

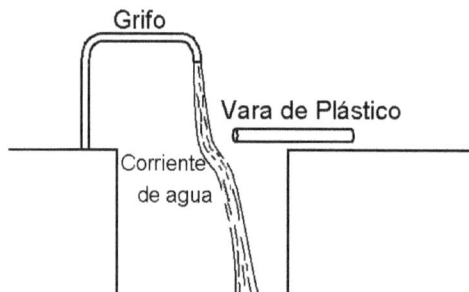

¿Cuál fuerza causa que el camino de la corriente de agua cambie debido a la vara de plástico?

(1) nuclear

(2) magnética

(3) electrostática

(4) gravitacional

24 Una distancia de 1.0×10^{-2} metro separa crestas sucesivas de una onda periódica producida en un tanque de vacío de agua. Si una cresta pasa un punto en el tanque cada 4.0×10^{-1} segundo, ¿cuál es la rapidez de esta onda?

(1) 2.5×10^{-4} m/s   (3) 2.5×10^{-2} m/s

(2) 4.0×10^{-3} m/s   (4) 4.0×10^{-1} m/s

25 Un diapasón vibrante de 256-hertz transfiere energía a otro diapasón de 256-hertz, causando que el segundo diapasón vibre. Este fenómeno es un ejemplo de

(1) difracción   (3) refracción

(2) reflexión   (4) resonancia

26 Ondas de sonido son producidas por la corneta de un camión que se acerca a un observador estacionario. Comparado a las ondas de sonido detectadas por el conductor, las ondas de sonido detectadas por el observador tienen una mayor

(1) longitud de onda   (3) período

(2) frecuencia   (4) rapidez

27 El electronvoltio es una unidad de

(1) energía
(2) carga
(3) intensidad de campo eléctrico
(4) diferencia potencial eléctrica

28 ¿Cuál partícula produciría un campo magnético?

(1) una partícula neutral moviéndose en una línea recta
(2) una partícula neutral moviéndose en un círculo
(3) una partícula cargada estacionaria
(4) una partícula cargada en movimiento

29 Una estudiante de física toma su pulso y determina que su corazón late periódicamente 60 veces en 60 segundos. El período de los latidos del corazón es

(1) 1 Hz   (3) 1 s
(2) 60 Hz   (4) 60 s

30 Mover 4.0 coulombs de carga a través de un circuito requiere 48 joules de energía eléctrica. ¿Cuál es la diferencia potencial a través de este circuito?

(1) 190 V   (3) 12 V
(2) 48 V   (4) 4.0 V

31 El siguiente diagrama muestra corrientes en un segmento de un circuito eléctrico.

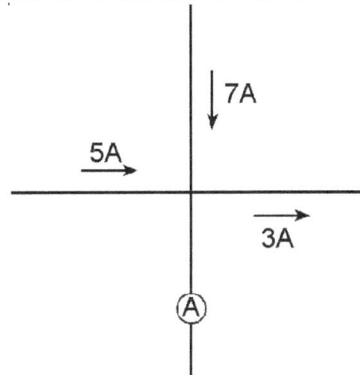

¿Cuál es la lectura del amperímetro A?

(1) 1 A   (3) 9 A
(2) 5 A   (4) 15 A

32 Una secadora eléctrica consume 6.0×10^{6} joules de energía eléctrica cuando opera a 220 voltios por 1.8×10^{3} segundos. Mientras está operando, la secadora atrae una corriente de

(1) 10. A   (3) 9.0×10^{2} A
(2) 15 A   (4) 3.3×10^{3} A

33 ¿Cuál carga neta puede ser encontrada en un objeto?

(1) $+4.80 \times 10^{-19}$ C   (3) -2.40×10^{-19} C

(2) $+2.40 \times 10^{-19}$ C   (4) -5.60×10^{-19} C

34 Un fotón es emitido mientras que el electrón en un átomo de hidrógeno cae desde el nivel de energía $n = 5$ directamente al nivel de energía $n = 3$. ¿Cuál es la energía del fotón emitido?

(1) 0.85 eV   (3) 1.51 eV
(2) 0.97 eV   (4) 2.05 eV

35 En un proceso llamado creación de pares, un rayo gama energético es convertido en un electrón y en un positrón. No es posible convertir un rayo gama en dos electrones porque

(1) se deben conservar las cargas
(2) se debe conservar el momento
(3) se debe conservar la energía-masa
(4) se debe conservar el número de barione

Direcciones (36–50): Para *cada* declaración o pregunta, escoja la palabra o expresión que, de las dadas, mejor complete la declaración o responda la pregunta. Algunas preguntas quizás requieran el uso de la *Edición 2006 de las Tablas de Referencia para Entornos Físicos/Física.* Registre sus respuestas en su hoja separada de respuestas.

36 La longitud aproximada de lápiz No.2 sin punta es

(1) 2.0×10^{-2} m

(3) 2.0×10^{0} m

(2) 2.0×10^{-1} m

(4) 2.0×10^{1} m

37 El siguiente diagrama muestra una carreta moviéndose hacia la derecha a 4.0 metros sobre segundo a punto de chocar de frente con una carreta de 4.0 kilogramos moviéndose hacia la izquierda a 6.0 metros sobre segundo.

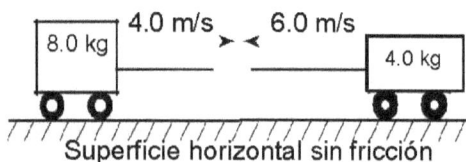

Tras el choque, la carreta de 4.0-kilogramos se mueve hacia la derecha a 3.0 metros sobre segundo. ¿Cuál es la velocidad de la carreta de 8.0-kilogramos tras el choque?

(1) 0.50 m/s izquierda

(3) 5.5 m/s izquierda

(2) 0.50 m/s derecha

(4) 5.5 m/s derecha

38 Cuatro fuerzas actúan concurrentemente en un bloque en una superficie horizontal como se muestra en el siguiente diagrama.

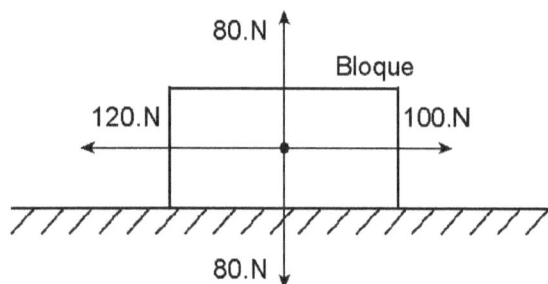

Como resultado de estas fuerzas, el bloque

(1) se mueve a rapidez constante hacia la derecha
(2) se mueve a rapidez constante hacia la izquierda
(3) acelera hacia la derecha
(4) acelera hacia la izquierda

39 Si un motor levanta una masa de 400.-kilogramos una distancia vertical de 10 metros en 8.0 segundos, la potencia *mínima* generada por el motor es

(1) 3.2×10^{2} W

(3) 4.9×10^{3} W

(2) 5.0×10^{2} W

(4) 3.2×10^{4} W

40 Un objeto de 4.0-kilogramo es acelerado a 3.0 metros sobre segundo^2 hacia el norte por una fuerza desbalanceada. La misma fuerza desbalanceada actuando en un objeto de 2.0-kilogramos acelerará este objeto hacia el norte a

(1) 12 m/s^2

(3) 3.0 m/s^2

(2) 6.0 m/s^2

(4) 1.5 m/s^2

41 Un electrón se ubica en un campo eléctrico de magnitud de 600 newtons por coulomb. ¿Cuál es la magnitud de la fuerza electroestática actuando en el electrón?

(1) 3.75×10^{21} N

(3) 9.60×10^{-17} N

(2) 6.00×10^{2} N

(4) 2.67×10^{-22} N

42 La corriente en un cable es 4.0 amperios. El tiempo requerido para que 2.5×10^{19} electrón pasen un determinado punto en el cable es

(1) 1.0 s

(3) 0.50 s

(2) 0.25 s

(4) 4.0 s

43 Cuando dos puntos de carga de magnitud q_1 y q_2 están separados por una distancia r, la magnitud de la fuerza electroestática entre ellos es F. ¿Cuál sería la magnitud de la fuerza electroestática entre los puntos de carga $2q_1$ y $4q_2$ cuando estén separados por una distancia de $2r$?

(1) F

(3) $16F$

(2) $2F$

(4) $4F$

44 La composición de un mesón con una carga de

(1) $\overline{s}c$

(3) $u\overline{b}$

(2) $d\,s\,s$

(4) $\overline{u}\,\overline{c}\,\overline{d}$

45 ¿Cuál gráfica representa la relación entre la energía cinética y la rapidez de un objeto en caída libre?

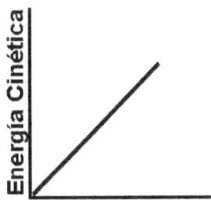 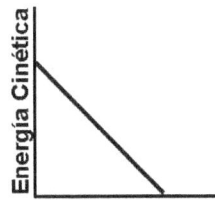 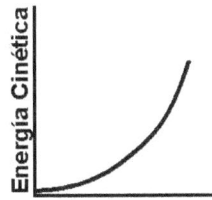 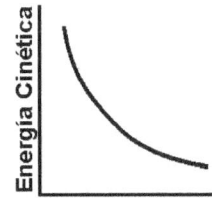

(1)   (2)   (3)   (4)

46 ¿Cuál diagrama representa el campo eléctrico entre dos esferas conductoras opuestamente cargadas?

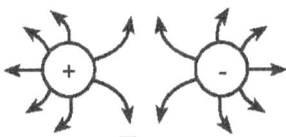 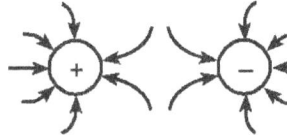 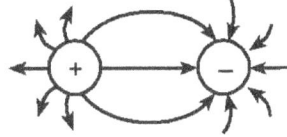 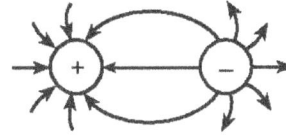

(1)   (2)   (3)   (4)

47 ¿Cuál gráfica representa la relación entre la magnitud de la fuerza gravitacional, F_g, entre dos masas y la distancia, r, entre el centro de las masas?

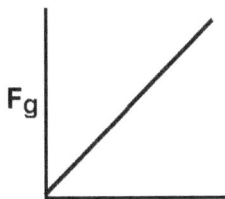 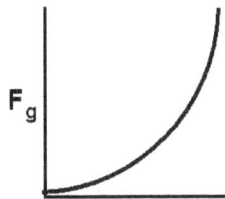 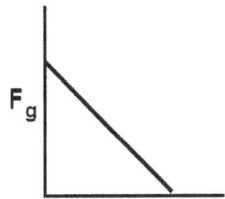 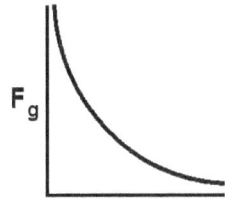

(1)   (2)   (3)   (4)

48 El siguiente diagrama muestra dos ondas viajando una hacia la otra a igual rapidez en un medio uniforme.

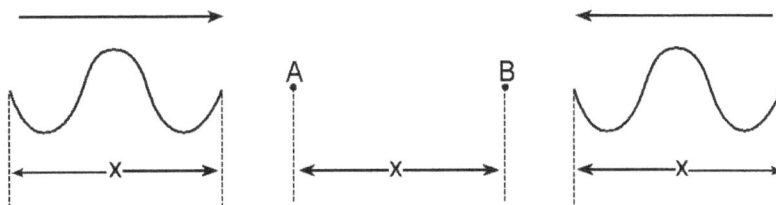

Cuando ambas ondas están en la región entre los puntos A y B, pasarán por

(1) difracción

(2) el efecto Doppler

(3) interferencia destructiva

(4) interferencia constructiva

49 El siguiente diagrama muestra una serie de frentes de onda rectos producidos en un tanque vacío de agua acercándose a una pequeña apertura en una barrera.

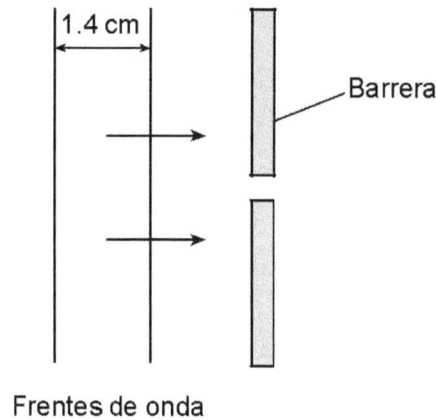

Frentes de onda

¿Cuál diagrama representa la apariencia de los frentes de onda después que ellos pasan a través de la apertura en la barrera?

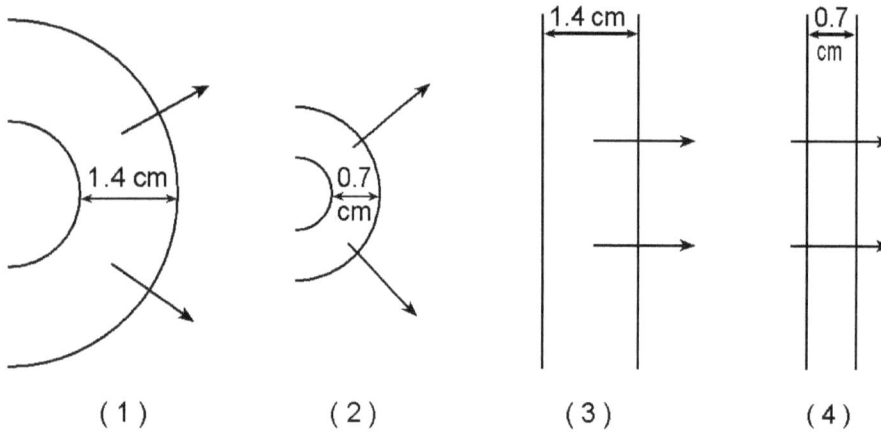

(1)   (2)   (3)   (4)

50 El siguiente diagrama representa la relación entre la energía y la masa equivalente de la cual puede ser convertida.

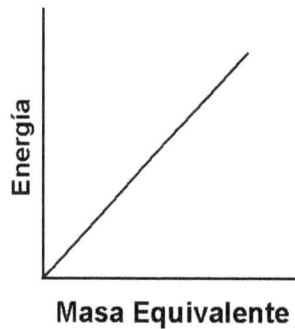

Masa Equivalente

La vertiente de esta gráfica representa

(1) c

(2) c^2

(3) g

(4) g^2

Parte B–2

Responda todas las preguntas en esta parte.

Direcciones (51–65): Registre sus respuestas en los espacios previstos en su folleto de respuestas. Algunas preguntas quizás requieran el uso de la *Edición 2006 de las Tablas de Referencia para Entornos Físicos/Física.*

51–52 El largo de 25.0-metros de un cable de platino con un área transversal de 3.50×10^{-6} metros^2 tiene una resistencia de 0.757 ohm a 20°C. Calcule la resistividad del cable. [Muestre todo el trabajo, incluyendo la ecuación y la sustitución con unidades.] [2]

53 El siguiente diagrama representa una onda periódica moviéndose a lo largo de una soga.

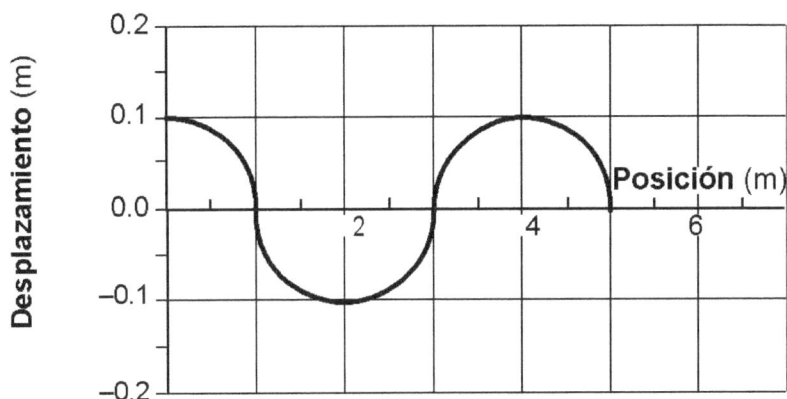

En la rejilla *en su folleto de respuestas*, dibuje *al menos una* onda completa con la misma amplitud y la mitad de la longitud de onda de la onda dada. [1]

54–55 Un bate de béisbol ejerce una fuerza promedio de 600 newtons hacia el este en una bola, impartiendo un impulso de 3.6 newton·seconds hacia el este en la bola. Calcule la cantidad de tiempo que el bate de béisbol está en contacto con la bola. [Muestre todo el trabajo, incluyendo la ecuación y la sustitución con unidades.] [2]

56 El siguiente diagrama muestra el polo norte de una barra magnética ubicada cerca del polo sur de otra barra magnética.

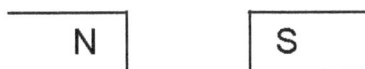

En el diagrama *en su folleto de respuestas*, dibuje *tres* líneas de campos magnéticos en la región entre los imanes. [1]

Base sus respuestas a las preguntas de la 57 a la 59 en la información y gráfica que sigue.

La siguiente gráfica muestra la relación entre la rapidez y el tiempo transcurrido para un auto que se mueve en una línea recta.

Rapidez vs. Tiempo

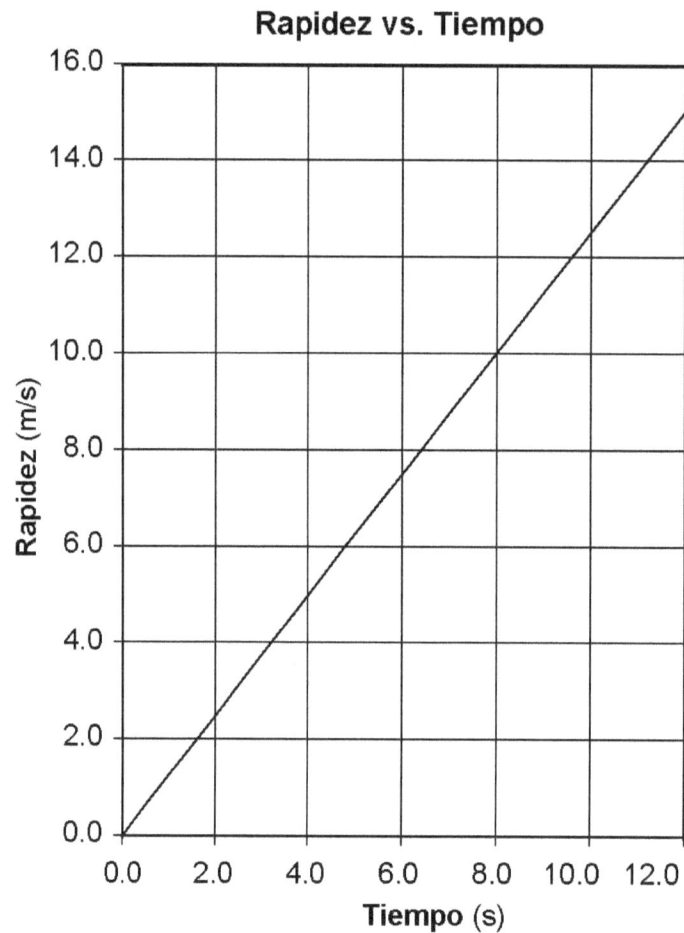

57 Determine la magnitud de la aceleración del auto. [1]

58–59 Calcule la distancia total que el carro viajó durante el intervalo de tiempo de 4.0 segundos hasta 8.0 segundos [Muestre todo el trabajo, incluyendo la ecuación y la sustitución con unidades.] [2]

Base sus respuestas a las preguntas de la 60 a la 62 en la siguiente información.

Un resistor de 20.-ohm, R_1, y un resistor de resistencia desconocida, R_2, están conectados en paralelo a fuente de 30.-voltios, como se muestra en el siguiente diagrama de circuito. Un amperímetro en el circuito lee 2.0 amperios.

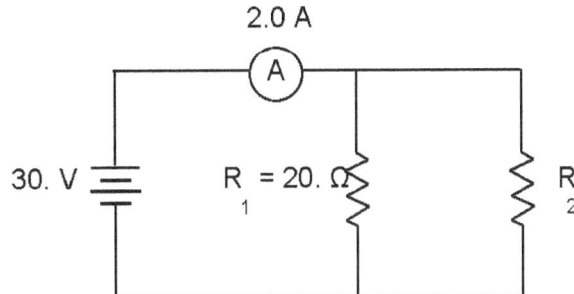

2.0 A

(A)

30. V $R_1 = 20.\ \Omega$ R_2

60 Determine la resistencia equivalente del circuito. [1]

61–62 Calcule la resistencia del resistor R_2. [Muestre todo el trabajo, incluyendo la ecuación y la sustitución con unidades.] [2]

_____

Base sus respuestas a las preguntas de la 63 a la 65 en la siguiente información.

Un tapón de goma de 28-gramos está adjunto a una cuerda y girado en dirección de las agujas del reloj en un círculo horizontal con un radio de 0.80 metro. El siguiente diagrama en su folleto de respuestas representa el movimiento del tapón de goma. El tapón mantiene una rapidez constante de 2.5 metros sobre segundo.

63–64 Calcule la magnitud de la aceleración centrípeta del tapón. [Muestre todo el trabajo, incluyendo la ecuación y la sustitución con unidades.] [2]

65 En el diagrama *en su folleto de respuestas*, dibuje una flecha mostrando la dirección de una fuerza centrípeta actuando en el tapón cuando está en la posición mostrada. [1]

_____

Parte C

Responda todas las preguntas en esta parte.

Direcciones (66–85): Registre sus respuestas en los espacios previstos en su folleto de respuestas. Algunas preguntas quizás requieran el uso de la *Edición 2006 de las Tablas de Referencia para Entornos Físicos/Física.*

Base sus respuestas a las preguntas de la 66 a la 69 en la siguiente información.

Las auroras sobre las regiones polares de la Tierra son causadas por colisiones entre partículas cargadas del Sol y átomos en la atmósfera de la Tierra. Las partículas cargadas le dan energía a los átomos, excitándolas desde su nivel de energía disponible más bajo, el estado fundamental, hasta niveles de energía más altos, estados de excitación. La mayoría de los átomos regresan a su estado fundamental dentro de 10 nanosegundos.

En regiones más altas de la atmósfera de la Tierra, donde hay menos colisiones entre átomos, algunos átomos permanecen en estados excitados por tiempos más largos. Por ejemplo, los átomos de oxígeno permanecen en un estado de excitación por hasta 1.0 segundo. Estos átomos son responsables por los brillos rojos y verdosos de las auroras. Estos átomos, al regresar a su estado fundamental, emiten fotones verdes ($f = 5.38 \times 10^{14}$ Hz) y fotones rojos ($f = 4.76 \times 10^{14}$ Hz). Estas emisiones duran lo suficiente para producir el fenómeno de la aurora cambiante.

66 ¿Cuál es el orden de magnitud del tiempo, en segundos, que la mayoría de los átomos duran en un estado excitado? [1]

67–68 Calcule la energía de un fotón, en joules, que es responsable por el brillo rojo de la aurora. [Muestre todo el trabajo, incluyendo la ecuación y la sustitución con unidades.] [2]

69 Explique qué se entiende por un átomo que esté en su estado fundamental [1]

Base sus respuestas a las preguntas de la 70 a la 75 en la siguiente información.

Una niña monta su bicicleta 1.40 kilómetros hacia el oeste, 0.70 kilómetro hacia el sur, y 0.30 kilómetro hacia el este en 12 minutos. El diagrama de vector en su folleto de respuestas representa los primeros dos desplazamientos de la niña en secuencia desde el punto P. La escala usada en el diagrama es 1.0 centímetro = 0.20 kilómetro.

70–71 En el diagrama de vector *en su folleto de respuestas,* usando una regla y un transportador, construya los siguientes vectores:

- Comenzando en la punta de la flecha del vector del segundo desplazamiento, dibuje un vector para representar el desplazamiento de 0.30 kilómetro hacia el este. Etiquete el vector con su magnitud. [1]

- Dibuje un vector representando el desplazamiento resultante de la niña durante todo el viaje y etiquete el vector R. [1]

72–73 Calcule la rapidez promedio de la niña por todo el paseo con la bicicleta. [Muestre todo el trabajo, incluyendo la ecuación y la sustitución con unidades.] [2]

74 Determine la magnitud del desplazamiento resultante de la niña por todo el paseo con la bicicleta, en kilómetros. [1]

75 Determine la medida del ángulo, en grados, entre la resultante y el vector de desplazamiento de 1.40-kilómetros. [1]

Base sus respuestas a las preguntas de la 76 a la 80 en la siguiente información.

Un rayo de luz con una frecuencia de 5.09×10^{14} hertz viajando en agua tiene un ángulo de incidencia de 35° en una interfaz de agua-aire. En la interfaz, parte del rayo es reflejado desde la interfaz y parte del rayo es refractado mientras entra al aire.

76 ¿Cuál es el ángulo de reflexión del rayo de luz en la interfaz? [1]

77 En el diagrama *en su folleto de respuestas,* usando un transportador y una regla, dibuje el rayo reflejado. [1]

78–79 Calcule el ángulo de refracción del rayo de luz mientras entra al aire. [Muestre todo el trabajo, incluyendo la ecuación y la sustitución con unidades.] [2]

80 Identifique *una* característica de este rayo de luz que sea igual *tanto* en el agua como en el aire. [1]

Base sus respuestas a las preguntas de la 81 a la 85 en la información y el diagrama que sigue.

Una fuerza de 30.4-newtons es usada para deslizar un cajón de 40.0-newtons por una distancia de 6.00 metros a rapidez constante a lo largo de una pendiente hacia una altura vertical de 3.00 metros.

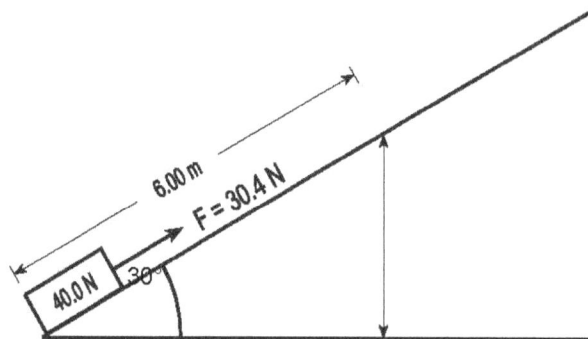

81 Determine el trabajo total hecho por la fuerza de 30.4 newtons deslizando el cajón a lo largo de la pendiente. [1]

82–83 Calcule el total aumento en la energía gravitacional potencial del cajón una vez que se haya deslizado 6.00 metros sobre la pendiente. [Muestre todo el trabajo, incluyendo la ecuación y la sustitución con unidades.] [2]

84 Exponga que le sucede a la energía cinética del cajón mientras se desliza sobre la pendiente. [1]

85 Exponga que le sucede a la energía interna del cajón mientras se desliza sobre la pendiente. [1]

ENTORNOS FÍSICOS
FÍSICA

Viernes, 20 de Junio, 2014 — solo de 1:15 a 4:15 p.m.

La posesión o uso de cualquier dispositivo de comunicación está estrictamente prohibida mientras realice esta evaluación. Si usted tiene o utiliza cualquier dispositivo de comunicación, sin importar lo corto de su uso, su evaluación será invalidada y ninguna puntuación le será calculada.

Responda todas las preguntas en todas las partes de esta evaluación de acuerdo a las direcciones previstas en el folleto de evaluación.

Una hoja de respuestas separada para la Parte A y para la Parte B-1 se le ha otorgado a usted. Siga las instrucciones del coordinador para completar la información del estudiante en su hoja de respuestas. Registre sus respuestas a las preguntas de opción múltiple de la Parte A y la Parte B-1 en esta hoja de respuestas separada. Registre sus respuestas a las preguntas de la Parte B-2 y la Parte C en su folleto de respuestas separado. Asegúrese de llenar el encabezado en el frente de su folleto de respuestas.

Todas las respuestas en su folleto de respuestas deben ser escritas en bolígrafo, excepto por los gráficos y los dibujos, los cuales deben ser hechos en lápiz. Usted puede usar trozos de papel para resolver las respuestas a las preguntas, pero Asegúrese de registrar todas sus preguntas en su hoja de respuestas separada o en su folleto de respuestas como se le dijo.

Cuando usted haya finalizado la evaluación, usted debe firmar la declaración impresa en su hoja de respuestas separada, indicando que usted no tuvo conocimiento ilegal de las preguntas o respuestas previo a la evaluación y que usted no dio ni recibió asistencia respondiendo las preguntas durante la evaluación. Su hoja de respuestas y folleto de respuestas no podrán ser aceptados si usted no firma esta declaración.

Notése. . .

Una calculadora científica o gráfica, una regla en centímetros, un transportador, y una copia de la *Edición 2006 de las Tablas de Referencia para Entornos Físicos/Física,* la cual podrá necesitar para responder algunas preguntas, deberán estar disponibles mientras realiza esta evaluación.

NO ABRA ESTE FOLLETO EVALUATIVO HASTA QUE SEA DADA LA SEÑAL.

Parte A

Responda todas las preguntas en esta parte.

Direcciones (1–35): Para *cada* declaración o pregunta, escoja la palabra o expresión que, de las dadas, mejor complete la declaración o responda la pregunta. Algunas preguntas quizás requieran el uso de la *Edición 2006 de las Tablas de Referencia para Entornos Físicos/Física*. Registre sus respuestas en su hoja separada de respuestas.

1 ¿Qué cantidad es escalar?

(1) masa   (3) momento
(2) fuerza   (4) aceleración

2 ¿Cuál es la velocidad final de un objeto que comienza desde descanso y acelera uniformemente a 4.0 metros por segundo^2 sobre una distancia de 8.0 metros?

(1) 8.0 m/s   (3) 32 m/s
(2) 16 m/s   (4) 64 m/s

3 Los componentes de una velocidad de 15 metros por segundo a un ángulo de 60° sobre la horizontal son

(1) 7.5 m/s vertical y 13 m/s horizontal
(2) 13 m/s vertical y 7.5 m/s horizontal
(3) 6.0 m/s vertical y 9.0 m/s horizontal
(4) 9.0 m/s vertical y 6.0 m/s horizontal

4 ¿Cuál es el tiempo requerido para que un objeto que comienza desde descanso caiga libremente 500 metros cerca de la superficie de la Tierra?

(1) 51.0 s   (3) 10.1 s
(2) 25.5 s   (4) 7.14 s

5 Un bate de béisbol ejerce una fuerza de magnitud F en una bola. Si la masa del bate es tres veces la masa de la bola, la magnitud de la fuerza de la bola en el bate es

(1) F (3) $3F$
(2) $2F$ (4) $F/3$

6 Una masa de 2.0-kilogramos está localizada 3.0 metros por encima de la superficie de la Tierra. ¿Cuál es la magnitud de la fortaleza del campo gravitacional de la Tierra en esta ubicación?

(1) 4.9 N/kg   (3) 9.8 N/kg
(2) 2.0 N/kg   (4) 20. N/kg

7 Un camión, viajando inicialmente a una velocidad de 22 metros por segundo, aumenta velocidad a un ritmo constante de 2.4 metros por segundo^2 por 3.2 segundos. ¿Cuál es la distancia total viajada por el camión durante este intervalo de tiempo de 3.2 segundos?

(1) 12 m   (3) 70. m
(2) 58 m   (4) 83 m

8 Una persona de 750-newton se para en un elevador que acelera hacia abajo. La fuerza del elevador hacia arriba en la persona debe ser

(1) igual a 0 N   (3) igual a 750 N
(2) menor que 750 N   (4) mayor que 750 N

9 Un objeto de 3.0-kilogramos actúa bajo un impulso teniendo una magnitud de 15 newton•segundos. ¿Cuál es la magnitud del cambio del objeto en el momento debido a este impulso?

(1) 5.0 kg•m/s   (3) 3.0 kg•m/s
(2) 15 kg•m/s   (4) 45 kg•m/s

10 Una bolsa de aire es usada para disminuir sin peligro el momento de un conductor en un accidente automovilístico. La bolsa de aire reduce la magnitud de la fuerza que actúa en el conductor al

(1) aumentar la duración del tiempo que la fuerza ejerce en el conductor
(2) disminuir la distancia sobre la cual la fuerza actúa en el conductor
(3) aumentar el ritmo de aceleración del conductor
(4) disminuir la masa del conductor

11 Un electrón que se mueve a velocidad constante produce

(1) solo un campo magnético
(2) solo un campo eléctrico
(3) tanto un campo magnético como eléctrico
(4) ni un campo magnético ni uno eléctrico

12 Un rayo de electrones pasa a través de un campo eléctrico donde la magnitud de la fuerza del campo eléctrico es 3.00×10^3 newtons por coulomb. ¿Cuál es la magnitud de la fuerza electroestática ejercida por el campo eléctrico en cada electrón en el rayo?

(1) 5.33×10^{-23} N   (3) 3.00×10^3 N

(2) 4.80×10^{-16} N   (4) 1.88×10^{22} N

13 ¿Qué tanto trabajo se requiere para mover 3.0 coulombs de carga eléctrica una distancia de 0.010 metros a través de una diferencia potencial de 9.0 voltios?

(1) 2.7×10^3 J   (3) 3.0 J

(2) 27 J   (4) 3.0×10^{-2} J

14 ¿Cuál es la resistencia de una vara de tungsteno de 20.0-metros de largo con un área transversal de 1.00×10^{-4} metros^2 a 20°C?

(1) $2.80 \cdot 10^{-5}$ Ω   (3) 89.3 Ω

(2) $1.12 \cdot 10^{-2}$ Ω   (4) 112 Ω

15 Dos piezas de roca pedernal producen una chispa visible cuando son golpeadas entre sí. Durante este proceso, la energía mecánica es convertida en

(1) energía nuclear y energía electromagnética
(2) energía interna y energía nuclear
(3) energía electromagnética y energía interna
(4) energía potencial elástica y energía nuclear

16 Una carreta de 15-kilogramos está en descanso en una superficie horizontal. Una caja de 5 kilogramos es colocada en la carreta. Comparado con la masa y la inercia de la carreta, el sistema carreta-caja tiene

(1) más masa y más inercia
(2) más masa y la misma inercia
(3) la misma masa y más inercia
(4) menos masa y más inercia

17 Las ondas transversales son a ondas de radio lo que ondas longitudinales son a

(1) ondas de luz   (3) ondas ultravioleta
(2) microondas   (4) ondas de sonido

18 Mientras un rayo monocromático de luz pasa de aire a agua, dos características del rayo que no cambiarán son

(1) longitud de onda y período
(2) frecuencia y período
(3) longitud de onda y velocidad
(4) frecuencia y velocidad

19 Cuando una masa es colocada en un resorte con una constante de resorte de 60.0 newtons por metro, el resorte se comprime 0.500 metro. ¿Cuánta energía es guardada en el resorte?

(1) 60.0 J   (3) 15.0 J
(2) 30.0 J   (4) 7.50 J

20 Un niño empuja a su hermana en un columpio. ¿Cuál es la frecuencia de oscilación de su hermana en el columpio si el niño cuenta 90 giros completos en 300 segundos?

(1) 0.30 Hz   (3) 1.5 Hz
(2) 2.0 Hz   (4) 18 Hz

21 ¿Cuál es el período de una onda de sonido que tiene una frecuencia de 340 hertz?

(1) 3.40×10^2 s   (3) 9.73×10^{-1} s

(2) 1.02×10^0 s   (4) 2.94×10^{-3} s

22 Un reproductor MP3 atrae una corriente de 0.120 amperios de una batería de 3.00 voltio. ¿Cuál es la carga total que pasa a través del reproductor en 900 segundos?

(1) 324 C   (3) 5.40 C
(2) 108 C   (4) 1.80 C

23 Un rayo de luz tiene una longitud de onda de 4.5×10^{-7} metros en un vacío. La frecuencia de esta luz es

(1) 1.5×10^{-15} Hz   (3) 1.4×10^2 Hz

(2) 4.5×10^{-7} Hz   (4) 6.7×10^{14} Hz

24 Cuando la radiación de rayos x y la radiación infrarroja viajan en un vacío, tienen la misma

(1) velocidad   (3) longitud de onda
(2) frecuencia   (4) energía por fotón

25 El siguiente diagrama representa dos pulsos idénticos acercándose el uno al otro en un medio uniforme.

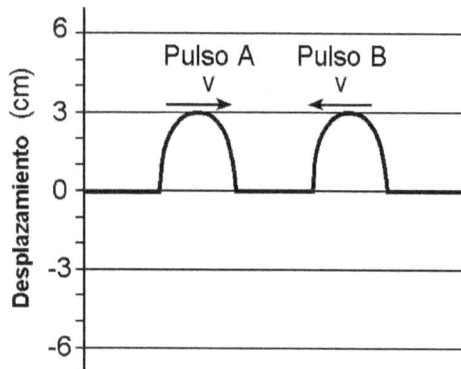

En tanto que los pulsos se encuentran y son superpuestos, el desplazamiento máximo del medio es

(1) −6 cm   (3) 3 cm

(2) 0 cm   (4) 6 cm

26 Mientras un carro se acerca a un peatón cruzando la calle, el conductor toca la corneta. Comparado con la onda de sonido emitida por la corneta, la onda de sonido detectada por el peatón tiene

(1) mayor frecuencia y menor tono

(2) mayor frecuencia y un mayor y tono

(3) menor frecuencia y un mayor tono

(4) menor frecuencia y un menor tono

27 Cuando se sopla aire a través del tope de una botella de agua abierta, las moléculas de aire vibran a una frecuencia particular y se produce sonido. Este fenómeno se llama

(1) difracción   (3) resonancia

(2) refracción   (4) efecto Doppler

28 Un antibarion compuesto de dos quarks arriba y un quark abajo tendría una carga de

(1) +1e   (3) 0e

(2) −1e   (4) −3e

29 ¿Cuál fuerza es responsable de producir un núcleo estable al oponer la fuerza electroestática de repulsión entre protones?

(1) fuerte   (3) friccional

(2) débil   (4) gravitacional

30 ¿Cuál es la energía total liberada cuando 9.11×10^{-31} kilogramos de masa son convertidos en energía?

(1) 2.73×10^{-22} J   (3) 9.11×10^{-31} J

(2) 8.20×10^{-14} J   (4) 1.01×10^{-47} J

31 Un carrito de compras se ralentiza mientras se mueve a lo largo de un piso nivelado. ¿Qué declaración describe la energía del carrito?

(1) La energía cinética aumenta y la energía potencial gravitacional permanece igual.
(2) La energía cinética aumenta y la energía potencial gravitacional disminuye.
(3) La energía cinética disminuye y la energía potencial gravitacional permanece igual.
(4) La energía cinética disminuye y la energía potencial gravitacional aumenta.

32 Dos esferas de metal del mismo tamaño, A y B, están en soportes aislantes, como se muestra en el siguiente diagrama. La esfera A posee un exceso de 6.3×10^{10} electrones y la esfera B es neutral.

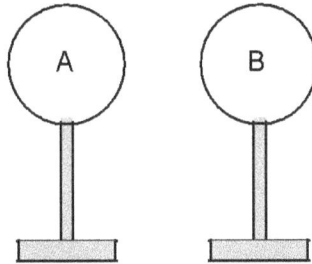

¿Cuál diagrama mejor representa la distribución de cargas en la esfera B?

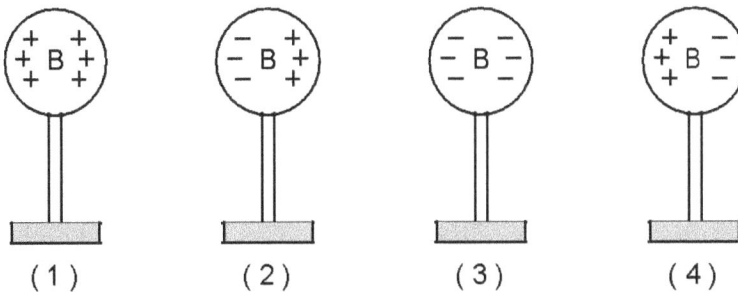

(1)   (2)   (3)   (4)

33 Dos puntos, A y B, están ubicados dentro de un campo eléctrico producido por una carga de -3.0 nanocoulomb. El punto A está a 0.10 metro a la izquierda de la carga y el punto B está 0.20 metro a la derecha de la carga, como se muestra en el siguiente diagrama.

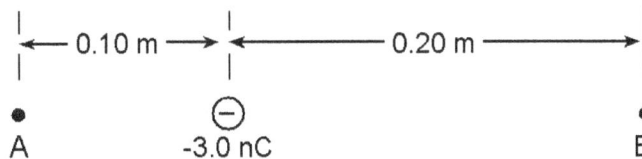

Comparado con la magnitud de la fuerza del campo eléctrico en el punto A, la magnitud de la fuerza del campo eléctrico en el punto B es

(1) la mitad
(2) dos veces mayor
(3) un cuarto de vez mayor
(4) cuatro veces mayor

34 El siguiente diagrama representa dos ondas, *A* y *B*, viajando a través del mismo medio uniforme.

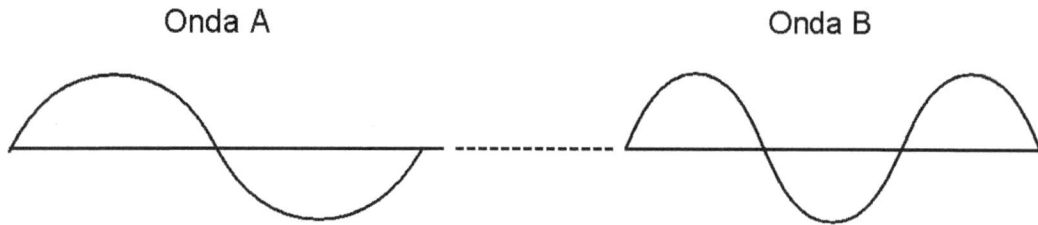

Onda A   Onda B

¿Qué característica es la misma para ambas ondas?
(1) amplitud
(2) frecuencia
(3) período
(4) longitud de onda

35 El siguiente diagrama muestra una onda periódica.

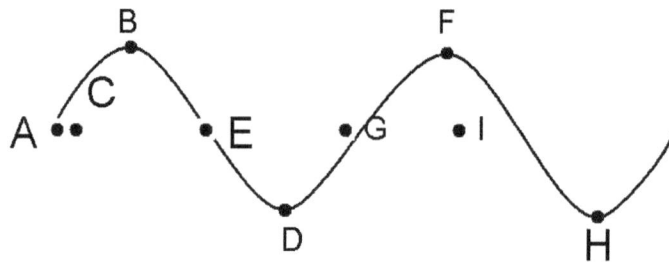

B   F
C
A   E   G   I
D   H

¿Qué dos puntos en la onda están 180° fuera de fase?
(1) *A* y *C*
(2) *B* y *E*
(3) *F* y *G*
(4) *D* y *H*

Parte B–1

Responda todas las preguntas en esta parte.

Direcciones (36–50): Para *cada* declaración o pregunta, escoja la palabra o expresión que, de las dadas, mejor complete la declaración o responda la pregunta. Algunas preguntas quizás requieran el uso de la *Edición 2006 de las Tablas de Referencia para Entornos Físicos/Física*. Registre sus respuestas en su hoja separada de respuestas.

36 La altura de un edificio de 30 pisos es aproximadamente
(1) 10^0 m
(3) 10^2 m
(2) 10^1 m
(4) 10^3 m

37 Dos esferas de metal del mismo tamaño en soportes aislante están posicionados como se muestra abajo. La carga en la esfera *A* es -4.0×10^{-6} coulomb y la carga en la esfera *B* es $-8.0 \cdot 10^{-6}$ coulomb.

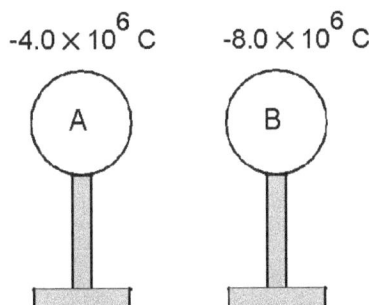

-4.0 × 10⁶ C   -8.0 × 10⁶ C

Las dos esferas se tocan entre sí y luego se separan. El número total de electrones de exceso en la esfera *A* tras la separación es
(1) 2.5×10^{13}
(3) 5.0×10^{13}
(2) 3.8×10^{13}
(4) 7.5×10^{13}

38 Un carro de 1.0×10^3-kilogramo viaja a una velocidad constante de 20 metros por segundo alrededor de una pista horizontal circular. El diámetro de la pista es 1.0×10^2 metros. La magnitud de la aceleración centrípeta del carro es
(1) 0.20 m/s^2
(3) 8.0 m/s^2
(2) 2.0 m/s^2
(4) 4.0 m/s^2

39 ¿Qué combinación de unidades puede ser usada para expresar energía eléctrica?
(1) $\dfrac{\text{voltio}}{\text{coulomb}}$

(2) $\dfrac{\text{coulomb}}{\text{voltio}}$

(3) voltio•coulomb

(4) voltio•coulomb•segundo

40 La cantidad total de energía eléctrica usada por una televisión de 315 vatios durante 30 minutos de operación es
(1) 5.67×10^5 J
(3) 1.05×10^1 J
(2) 9.45×10^3 J
(4) 1.75×10^1 J

41 ¿Cuál gráfica mejor representa la relación entre el índice absoluto de refracción y la velocidad de la luz ($f = 5.09 \cdot 10^{14}$ Hz) en varios medios?

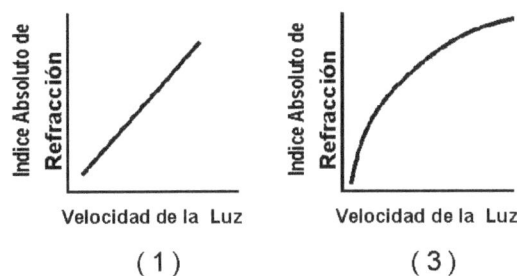

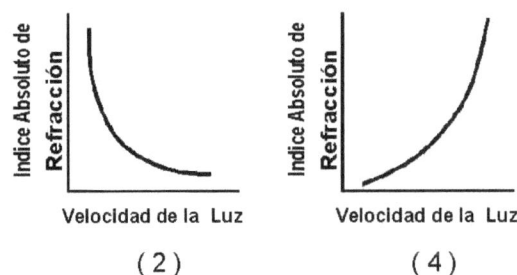

(1)   (3)

(2)   (4)

42 Un vaso de papel de 25 gramos se cae desde el descanso de un borde de una mesa que está 0.90 metro por encima del piso. Si el vaso tiene 0.20 joule de energía cinética cuando toca el piso, ¿cuál es la cantidad total de energía convertida en energía interna (térmica) durante la caída?
(1) 0.02 J
(3) 2.2 J
(2) 0.22 J
(4) 220 J

43 ¿Cuál transición de electrón entre los niveles de energía del hidrógeno causan la emisión de un fotón de luz visible?
(1) $n = 6$ a $n = 5$
(3) $n = 5$ a $n = 2$
(2) $n = 5$ a $n = 6$
(4) $n = 2$ a $n = 5$

44 ¿Cuál gráfica mejor representa un objeto en equilibrio moviéndose en una línea recta?

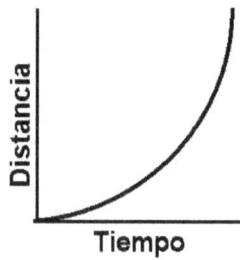

(1)

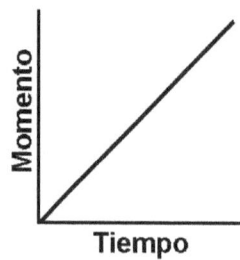

(3)

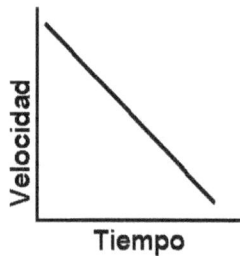

(2)

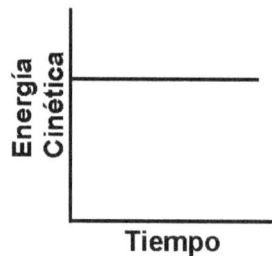

(4)

45 Un cuerpo, B, se mueve a una velocidad constante en un camino circular horizontal alrededor del punto P. ¿Cuál diagrama muestra la dirección de la velocidad (v) y la dirección de la fuerza centrípeta (F_c) que actúa en el cuerpo?

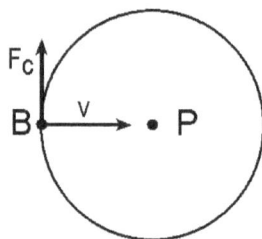

(1)

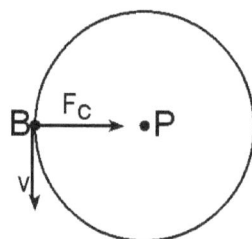

(3)

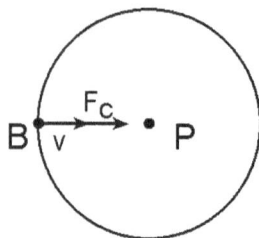

(2)

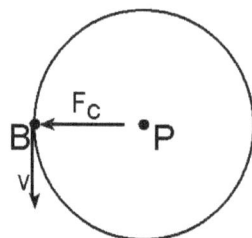

(4)

46 ¿Cuál gráfica mejor representa la relación entre energía de fotón y longitud de onda de fotón?

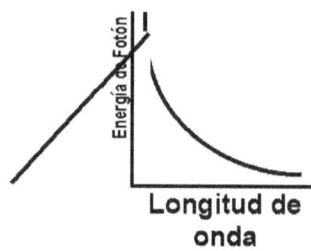

(1)

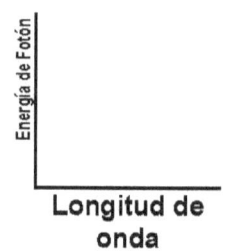

(3)

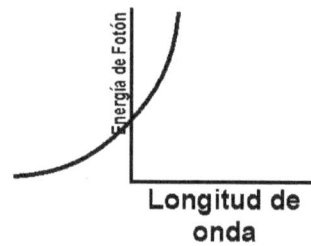

(2)

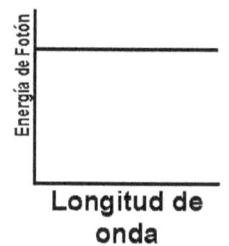

(4)

47 ¿Cuál combinación de velocidad inicial horizontal (v_H), y velocidad inicial vertical (v_v), resulta en el mayor rango horizontal para un proyectil sobre nivel del suelo? [Omita fricción.]

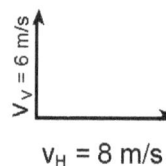

v_H = 8 m/s
(1)

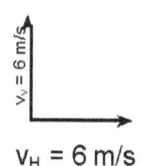

v_H = 6 m/s
(3)

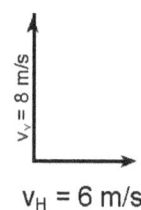

v_H = 6 m/s
(2)

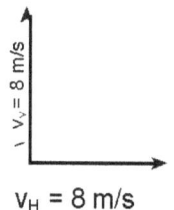

v_H = 8 m/s
(4)

48 ¿Cuál gráfica mejor representa la mayor cantidad de trabajo?

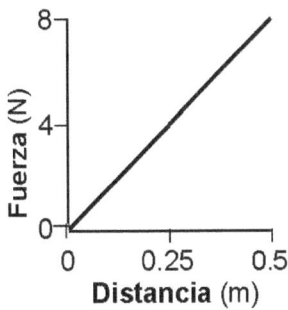

(1)

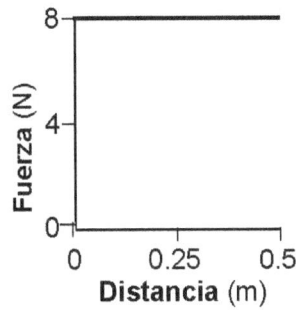

(2)

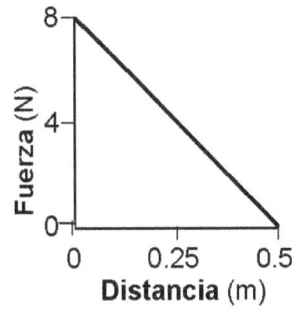

(3)

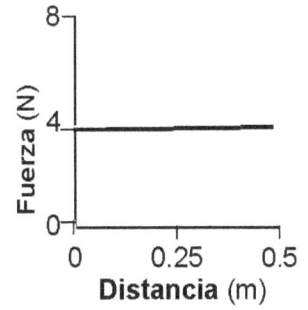

(4)

49 Cuando un rayo de luz viajando en agua alcanza un límite con el aire, parte del rayo de luz es reflejada y parte es refractada. ¿Cuál diagrama mejor representa los caminos de los rayos de luz reflejados y refractados?

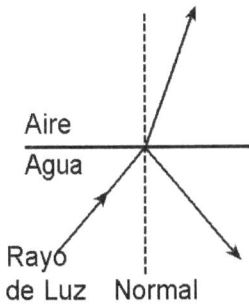

(1)

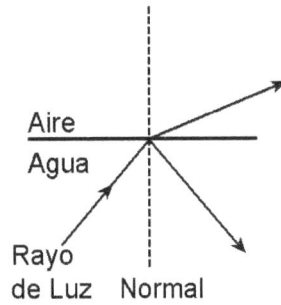

(2)

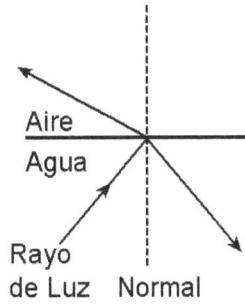

(3)

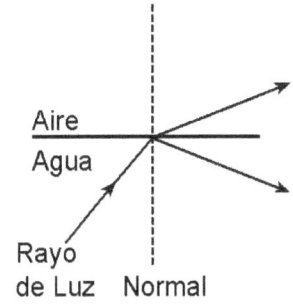

(4)

50 La siguiente gráfica representa el trabajo hecho en contra de la gravedad por un estudiante mientras ella camina por unas escaleras a velocidad constante.

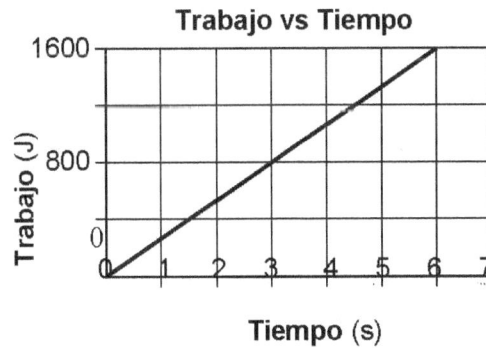

Comparado a la potencia generada por la estudiante tras 2.0 segundos, la potencia generada por la estudiante tras 4.0 segundos es

(1) la misma   (3) la mitad
(2) dos veces mayor   (4) cuatro veces mayor

Parte B–2

Responda todas las preguntas en esta parte.

Direcciones (51–65): Registre sus respuestas en los espacios previstos en su folleto de respuestas. Algunas preguntas quizás requieran el uso de la *Edición 2006 de las Tablas de Referencia para Entornos Físicos/Física.*

Base sus respuestas a las preguntas de la 51 a la 54 en la siguiente información y el diagrama de vectores en escala en su folleto de respuestas y en su conocimiento de física.

Dos fuerzas, una fuerza de 60.-newton al este y una fuerza de 80.-newton al norte, actúan concurrentemente en un objeto localizado en el punto *P*, como se muestra.

51 Usando una regla, determine la escala usado en el diagrama de vectores. [1]

52 Dibuje el vector de fuerza resultante a escala en el diagrama *en su folleto de respuestas*. Etiquete el vector "*R*". [1]

53 Determine la magnitud de la fuerza resultante, *R*. [1]

54 Determine la medida del ángulo, en grados, entre el norte y la fuerza resultante, *R*. [1]

55–56 A una fuerza de 3.00-newton causa que un resorte se estire 60.0 centímetros. Calcule el resorte constante de resorte. [Muestre todo el trabajo, incluyendo la ecuación y sustitución con unidades.] [2]

57 Una bola de boliche de 7.28-kilogramo viajando 8.50 metros por segundos al este choca con una una bola de boliche de 5.45 kilogramo viajando 10.0 metros por segundos al oeste. Determine la magnitud del momento total del sistema de dos bolas tras el choque. [1]

58–59 Calcule la potencia promedio requerido para levantar un objeto de 490-newton a una distancia vertical de 2.0 metros en 10 segundos. [Muestre todo el trabajo, incluyendo la ecuación y sustitución con unidades.] [2]

60 El diagrama *en su folleto de respuestas* muestra frentes de onda acercándose a una apertura en una barrera. El tamaño de la apertura es aproximadamente igual a una mitad de la longitud de onda de las ondas. En el diagrama *en su folleto de respuestas*, dibuje la forma de *al menos* tres frentes de onda después de haber pasado a través de esta apertura. [1]

61 El diagrama *en su folleto de respuestas* muestra una onda mecánica transversal viajando a la derecha en un medio. el punto *A* representa una partícula en el medio. Dibuje una flecha que se origine en el punto *A* que indique la dirección inicial a la que la partícula se moverá mientras que la onda continúa el viaje a la derecha en el medio. [1]

62 Independientemente del método usado para generar energía eléctrica, la cantidad de energía otorgada por la fuente siempre es mayor que la energía eléctrica producida. Explique porque hay una diferencia entre la cantidad de energía otorgada por la fuente y la cantidad de energía eléctrica producida. [1]

Base sus respuestas a las preguntas de la 63 a la 65 en la siguiente gráfica, la cual representa la relación entre la velocidad y el tiempo para que un carro se mueva a lo largo de una línea recta, y su conocimiento de física.

Velocidad vs Tiempo

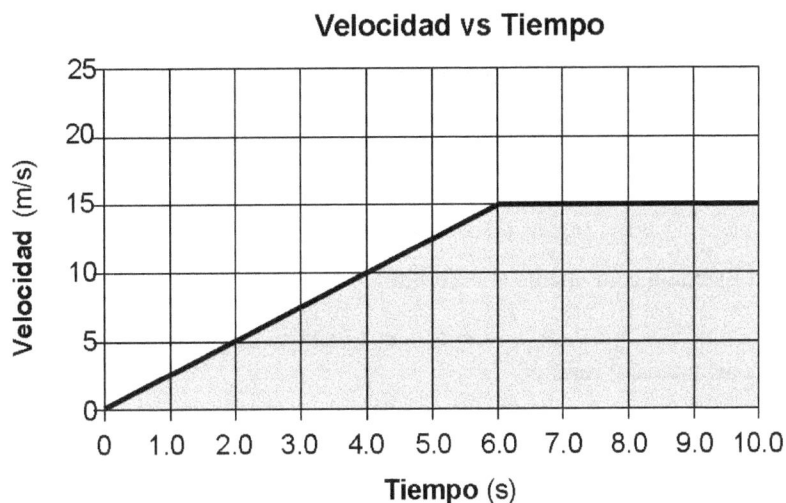

63 Determine la magnitud de la velocidad promedio del carro desde $t = 6.0$ segundos a $t = 10$ segundos. [1]

64 Determine la magnitud de la aceleración del carro durante los primeros 6.0 segundos. [1]

65 Identifique la cantidad física representada por el área sombreada en la gráfica. [1]

Parte C

Responda todas las preguntas en esta parte.

Direcciones (66–85): Registre sus respuestas en los espacios previstos en su folleto de respuestas. Algunas preguntas quizás requieran el uso de la *Edición 2006 de las Tablas de Referencia para Entornos Físicos/Física.*

Base sus respuestas a las preguntas de la 66 a la 70 en la siguiente información y su conocimiento de física.

Un estudiante construyó un circuito en serie que consiste en una batería de 12.0 voltios, una lámpara de 10.0 ohm y una resistencia. El circuito *no* contiene un voltímetro ni un amperímetro. Cuando el circuito está operativo, la corriente total que pasa a través del circuito es 0.50 amperios.

66 En el espacio *en su folleto de respuestas,* dibuje un diagrama de circuitos en serie construidos para operar la lámpara, usando símbolos de las *Tablas de Referencia para Entornos Físicos/Física.* [1]

67 Determine la resistencia equivalente del circuito. [1]

68 Determine la resistencia del resistor. [1]

69–70 Calcule el poder consumido por la lámpara. [Muestre todo el trabajo, incluyendo la ecuación y sustitución con las unidades.] [2]

Base sus respuestas a las preguntas de la 71 a la 75 en la siguiente información y su conocimiento de física.

Plutón orbita el Sol a un distancia promedio de 5.91×10^{12} metros. El diámetro de Plutón es 2.30×10^{6} metros y su masa es de 1.31×10^{22} kilogramos.

Caronte orbita Plutón con sus centros separados por una distancia de 1.96×10^{7} metros. Caronte tiene un diámetro de 1.21×10^{6} metros y una masa de 1.55×10^{21} kilogramos.

71–72 Calcule la magnitud de la fuerza gravitacional de atracción que ejerce Plutón en Caronte. [Muestre todo el trabajo, incluyendo la ecuación y sustitución con las unidades.] [2]

73–74 Calcule la magnitud de la aceleración de Caronte hacia Plutón. [Muestre todo el trabajo, incluyendo la ecuación y sustitución con unidades.] [2]

75 Exponga la razón del porque la magnitud de la fuerza gravitacional del Sol en Plutón es mayor que la magnitud de la fuerza gravitacional del Sol en Caronte. [1]

Base sus respuestas a las preguntas de la 76 a la 80 en la siguiente información y su conocimiento de física.

Una fuerza horizontal de 20.-newton es aplicada a una caja de 5.0-kilogramos para empujarla hacia la derecha a través de un piso horizontal y áspero a una velocidad constante de 3.0 metros por segundo.

76 Determine la magnitud de la fuerza de fricción que actúa en la caja. [1]

77–78 Calcule el peso de la caja. [Muestre todo el trabajo, incluyendo la ecuación y sustitución con unidades.] [2]

79–80 Calcule el coeficiente de la fricción cinética entre la caja y el piso. [Muestre todo el trabajo, incluyendo la ecuación y sustitución con unidades.] [2]

Base sus respuestas a las preguntas de la 81 a la 85 en la siguiente información y su conocimiento de física.

Un electrón que viaja con una velocidad de 2.50×10^{6} metros por segundo choca con un fotón que tiene una frecuencia de 1.00×10^{16} hertz. Tras el choque, el fotón tiene 3.18×10^{-18} joule de energía.

81–82 Calcule la energía cinética original del electrón. [Muestre todo el trabajo, incluyendo la ecuación y sustitución con unidades.] [2]

83 Determine la energía en joules del fotón antes del choque. [1]

84 Determine la energía perdida por el fotón durante el choque. [1]

85 Nombre *dos* cantidades físicas conservadas en el choque. [1]

La Universidad del Estado de Nueva York

EVALUACIÓN DE SECUNDARIA NIVEL REGENTS

ENTORNOS FÍSICOS
FÍSICA

Miércoles, 17 de Junio, 2015 — solo de 1:15 a 4:15 p.m.

La posesión o uso de cualquier dispositivo de comunicación está estrictamente prohibida mientras realice esta evaluación. Si usted tiene o utiliza cualquier dispositivo de comunicación, sin importar lo corto de su uso, su evaluación será invalidada y ninguna puntuación le será calculada.

Responda todas las preguntas en todas las partes de esta evaluación de acuerdo a las direcciones previstas en el folleto de evaluación.

Una hoja de respuestas separada para la Parte A y para la Parte B-1 se le ha otorgado a usted. Siga las instrucciones del coordinador para completar la información del estudiante en su hoja de respuestas. Registre sus respuestas a las preguntas de opción múltiple de la Parte A y la Parte B-1 en esta hoja de respuestas separada. Registre sus respuestas a las preguntas de la Parte B-2 y la Parte C en su folleto de respuestas separado. Asegúrese de llenar el encabezado en el frente de su folleto de respuestas.

Todas las respuestas en su folleto de respuestas deben ser escritas en bolígrafo, excepto por los gráficos y los dibujos, los cuales deben ser hechos en lápiz. Usted puede usar trozos de papel para resolver las respuestas a las preguntas, pero Asegúrese de registrar todas sus preguntas en su hoja de respuestas separada o en su folleto de respuestas como se le dijo.

Cuando usted haya finalizado la evaluación, usted debe firmar la declaración impresa en su hoja de respuestas separada, indicando que usted no tuvo conocimiento ilegal de las preguntas o respuestas previo a la evaluación y que usted no dio ni recibió asistencia respondiendo las preguntas durante la evaluación. Su hoja de respuestas y folleto de respuestas no podrán ser aceptados si usted no firma esta declaración.

Notése. . .

Una calculadora científica o gráfica, una regla en centímetros, un transportador, y una copia de la *Edición 2006 de las Tablas de Referencia para Entornos Físicos/Física,* la cual podrá necesitar para responder algunas preguntas, deberán estar disponibles mientras realiza esta evaluación.

NO ABRA ESTE FOLLETO EVALUATIVO HASTA QUE SEA DADA LA SEÑAL.

Direcciones (1–35): Para *cada* declaración o pregunta, escoja la palabra o expresión que, de las dadas, mejor complete la declaración o responda la pregunta. Algunas preguntas quizás requieran el uso de la *Edición 2006 de las Tablas de Referencia para Entornos Físicos/Física*. Registre sus respuestas en su hoja separada de respuestas.

1 ¿Qué cantidades son escalar?

(1) rapidez y trabajo
(2) velocidad y fuerza
(3) distancia y aceleración
(4) momento y potencia

2 Una masa de 3.00-kilogramo es lanzada verticalmente hacia arriba con una velocidad inicial de 9.80 metros por segundo. ¿Cuál es la altura máxima que este objeto alcanzará? [Omita fricción.]

(1) 1.00 m   (3) 9.80 m
(2) 4.90 m   (4) 19.6 m

3 Un avión viajando al norte a 220 metros sobre segundo encuentra un viento transversal de 50.0-metros-sobre-segundo que viene de oeste a este, como se representa en el siguiente diagrama.

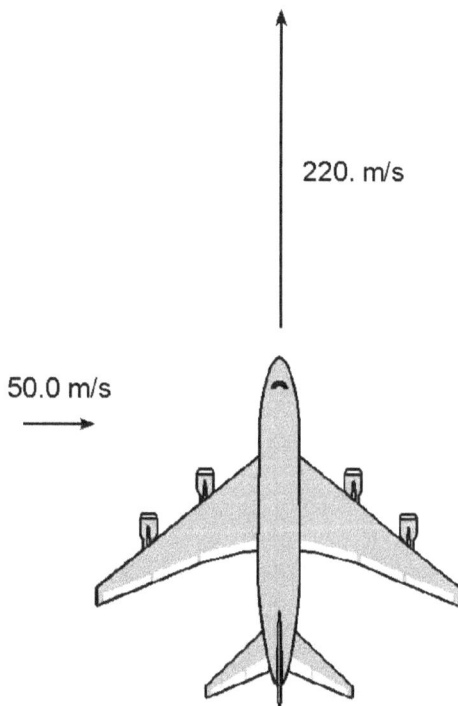

220. m/s

50.0 m/s

¿Cuál es la velocidad resultante del avión?

(1) 170. m/s   (3) 226 m/s
(2) 214 m/s   (4) 270. m/s

4 Un vehículo espacial de 160.-kilogramo está viajando a lo largo de una línea recta a una velocidad constante de 800 metros por segundo. La magnitud de la fuerza neta en el vehículo espacial es

(1) 0 N   (3) $8.00 \cdot 10^{2}$ N
(2) $1.60 \cdot 10^{2}$ N   (4) $1.28 \cdot 10^{5}$ N

5 Un estudiante tira una bola de 5.0-newton directo hacia arriba. ¿Cuál es la fuerza neta en la bola a su altura máxima?

(1) 0.0 N   (3) 5.0 N, abajo
(2) 5.0 N, arriba   (4) 9.8 N, abajo

6 Un resorte vertical tiene una constante de resort de 100. newtons por metro. Cuando un objeto está adjunto al fondo del resorte, el resorte cambia de su longitud no estirada de 0.50 metro a una longitud de 0.65 metro. La magnitud del peso del objeto adjunto es

(1) 1.1 N   (3) 50. N
(2) 15 N   (4) 65 N

7 Una carreta de 1.5-kilogramo inicialmente se mueve a 2.0 metros sobre segundo. Es traída a reposo por fuerza neta constante en 0.30 segundo. ¿Cuál es la magnitud de la fuerza neta?

(1) 0.40 N   (3) 10. N
(2) 0.90 N   (4) 15 N

8 ¿Qué característica de una onda de luz debe aumentar en tanto que la onda de luz pasa de vidrio a aire?

(1) amplitud   (3) período
(2) frecuencia   (4) longitud de onda

9 En tanto que una jugadora de básquetbol de $5.0 \cdot 10^2$-newton salta desde el piso hacia la cesta, la magnitud de la fuerza de sus pies en el piso es $1.0 \cdot 10^3$ newtons. Mientras ella salta, la magnitud de la fuerza del piso en sus pies es

(1) $5.0 \cdot 10^2$ N   (3) $1.5 \cdot 10^3$ N

(2) $1.0 \cdot 10^3$ N   (4) $5.0 \cdot 10^5$ N

10 Una bola de 0.0600-kilogramo viajando a 60.0 metros sobre segundo choca con una pared de concreto. ¿Qué velocidad debe tener una bala de 0.0100-kilogramo para chocar con la pared con la misma magnitud de momento que la bola?

(1) 3.60 m/s   (3) 360. m/s

(2) 6.00 m/s   (4) 600. m/s

11 La órbita del telescopio Hubble está $5.6 \cdot 10^5$ metros sobre la superficie de la Tierra. El telescopio tiene una masa de $1.1 \cdot 10^4$ kilogramos. La Tierra ejerce una fuerza gravitacional de $9.1 \cdot 10^4$ newtons en el telescopio. La magnitud de la fuerza del campo gravitacional de la Tierra en esta ubicación es

(1) $1.5 \cdot 10^{-20}$ N/kg   (3) 8.3 N/kg

(2) 0.12 N/kg   (4) 9.8 N/kg

12 Cuando dos cargas puntuales están separadas a una distancia d, la magnitud de la fuerza electroestática entre ellas es F. Si se aumenta la distancia entre las cargas puntuales a $3d$, la magnitud de la fuerza electroestática entre las dos cargas será

(1) $\frac{1}{9}F$ (3) $2F$

(2) $\frac{1}{3}F$ (4) $4F$

13 Un radio operando a 3.0 voltios y a una temperatura constante atrae una corriente de $1.8 \cdot 10^{-4}$ amperios. ¿Cuál es la resistencia del circuito del radio?

(1) $1.7 \cdot 10^4$ Ω   (3) $5.4 \cdot 10^{-4}$ Ω

(2) $3.0 \cdot 10^1$ Ω   (4) $6.0 \cdot 10^{-5}$ Ω

14 ¿Qué transformación de energía ocurre en un motor eléctrico operativo?

(1) eléctrica → mecánica

(2) mecánica → eléctrica

(3) química → eléctrica

(4) eléctrica → química

15 Un bloque se desliza a través de un tope de mesa horizontal y áspero. En tanto que el bloque alcanza el reposo, hay un aumento en el sistema bloque-tope de mesa de la

(1) energía gravitacional potencial

(2) energía elástica potencial

(3) energía cinética

(4) energía interna (térmica)

16 ¿Cuánto trabajo es requerido para mover un electrón a través de diferencia potencial de 3.00 voltios?

(1) $5.33 \cdot 10^{-20}$ J   (3) 3.00 J

(2) $4.80 \cdot 10^{-19}$ J   (4) $1.88 \cdot 10^{19}$ J

17 Durante un experimento de laboratorio, un estudiante encuentra que a 20° Celsius, un cable de cobre de 6.0-metros de longitud tiene una resistencia de 1.3 ohms. El área transversal de este cable es

(1) $7.9 \cdot 10^{-8}$ m^2 (3) $4.6 \cdot 10^0$ m^2

(2) $1.1 \cdot 10^{-7}$ m^2 (4) $1.3 \cdot 10^7$ m^2

18 Una carga neta de 5.0 coulombs pasa un punto en un conductor en 0.050 segundo. La corriente promedio es

(1) $8.0 \cdot 10^{-8}$ A   (3) $2.5 \cdot 10^{-1}$ A

(2) $1.0 \cdot 10^{-2}$ A   (4) $1.0 \cdot 10^2$ A

19 Si varios resistores están conectados en serie en un circuito eléctrico, la diferencia potencial a través de cada resistor

(1) varía directamente con su resistencia

(2) varía inversamente con su resistencia

(3) varía inversamente con el cuadrado de su resistencia

(4) es independiente de su resistencia

20 La amplitud de una onda de sonido está más relacionado con esta parte del sonido

(1) su velocidad   (3) su ruido

(2) su longitud de onda   (4) su tono

21 Un pato flotante en un lago oscila hacia arriba y abajo 5.0 veces durante un intervalo de 10.-segundo mientras que una onda periódica pasa. ¿Cuál es la frecuencia de las oscilaciones del pato?

(1) 0.10 Hz   (3) 2.0 Hz

(2) 0.50 Hz   (4) 50. Hz

22 ¿Cuál diagrama representa mejor la posición de una bola, a intervalos de tiempo igual, mientras cae libremente desde reposo cerca de la superficie de la Tierra?

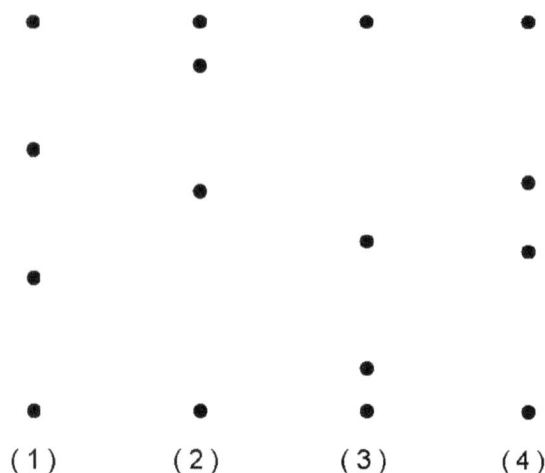

(1)   (2)   (3)   (4)

23 Un rayo gama y una microonda viajando en el vacío tienen la misma

(1) frecuencia   (3) velocidad
(2) período   (4) longitud de onda

24 Un estudiante produce una onda en un largo resorte vibrando su fin. Mientras que la frecuencia de la vibración se duplica, la longitud de onda en el resorte es

(1) reducida a un cuarto   (3) no cambia
(2) reducida a la mitad   (4) duplicada

25 ¿Qué dos puntos en la onda mostrados en el siguiente diagrama están en fase el uno al otro?

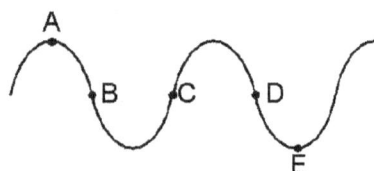

(1) A and B (3) B and C
(2) A and E (4) B and D

26 En tanto que una onda longitudinal se mueve a través de un medio, las partículas en el medio

(1) vibran paralelamente a la dirección de la propagación de la onda
(2) vibran perpendicularmente a la dirección de la propagación de la onda
(3) son transferidos solamente en la dirección del movimiento de la onda
(4) son estacionarias

27 El viento que sopla a través de líneas eléctricas suspendidas puede causar que las líneas vibren a su frecuencia natural. Esto a veces produce ondas de sonido escuchables. Este fenómeno, a veces llamado arpa eólica, es un ejemplo de

(1) difracción   (3) refracción
(2) el efecto Doppler   (4) resonancia

28 Un estudiante escucha música desde un altavoz en un cuarto conjunto, como se representa en el siguiente diagrama.

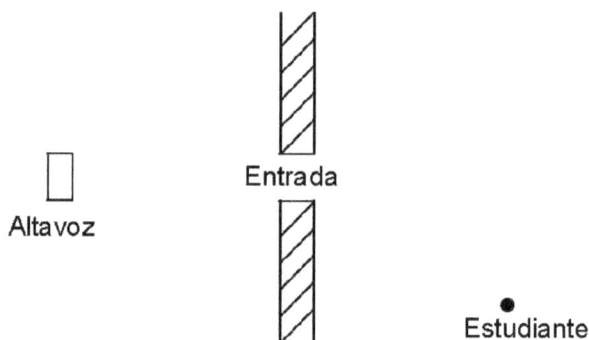

Ella se da cuenta que no tiene que estar directamente en frente de la entrada para escuchar la música. Esta difusión de ondas de sonido más allá de la entrada es un ejemplo de

(1) el efecto Doppler   (3) refracción
(2) resonancia   (4) difracción

29 ¿Cuál es la energía mínima requerida para ionizar un átomo de hidrógeno en el estado $n = 3$?

(1) 0.00 eV   (3) 1.51 eV
(2) 0.66 eV   (4) 12.09 eV

Base sus respuestas a las preguntas 30 y 31 en el siguiente diagrama y su conocimiento de física. El diagrama representa dos esferas de metal pequeñas, cargadas e idénticas, A y B que están separadas por una distancia de 2.0 metros.

30 ¿Cuál es la magnitud de la fuerza electroestática ejercida por la esfera A en la esfera B?

(1) $7.2 \cdot 10^{-3}$ N

(3) $8.0 \cdot 10^{-13}$ N

(2) $3.6 \cdot 10^{-3}$ N

(4) $4.0 \cdot 10^{-13}$ N

31 Si las dos esferas se tocaran y luego fueran separadas, la carga en la esfera A sería

(1) $-3.0 \cdot 10^{-7}$ C

(3) $-1.3 \cdot 10^{-6}$ C

(2) $-6.0 \cdot 10^{-7}$ C

(4) $-2.6 \cdot 10^{-6}$ C

32 La corneta de un vehículo en movimiento produce un sonido de frecuencia constante. Dos observadores estacionarios, A y C, y el conductor del vehículo, B, posicionados como se representa en el siguiente diagrama, escuchan el sonido de la corneta.

Comparado a la frecuencia del sonido de la corneta escuchada por el conductor B, la frecuencia escuchada por el observador A es

(1) inferior y la frecuencia escuchada por el observador C es inferior
(2) inferior y la frecuencia escuchada por el observador C es superior
(3) superior y la frecuencia escuchada por el observador C es inferior
(4) superior y la frecuencia escuchada por el observador C es superior

33 Una fuerza diferente se aplica a cada uno de cuatro diferentes bloques en una superficie horizontal sin fricción. ¿En cuál diagrama el bloque tiene la mayor inercia tras 2.0 segundos después de comenzar desde reposo?

34 El siguiente diagrama muestra un rayo de luz monocromática incidente en un límite entre aire y vidrio.

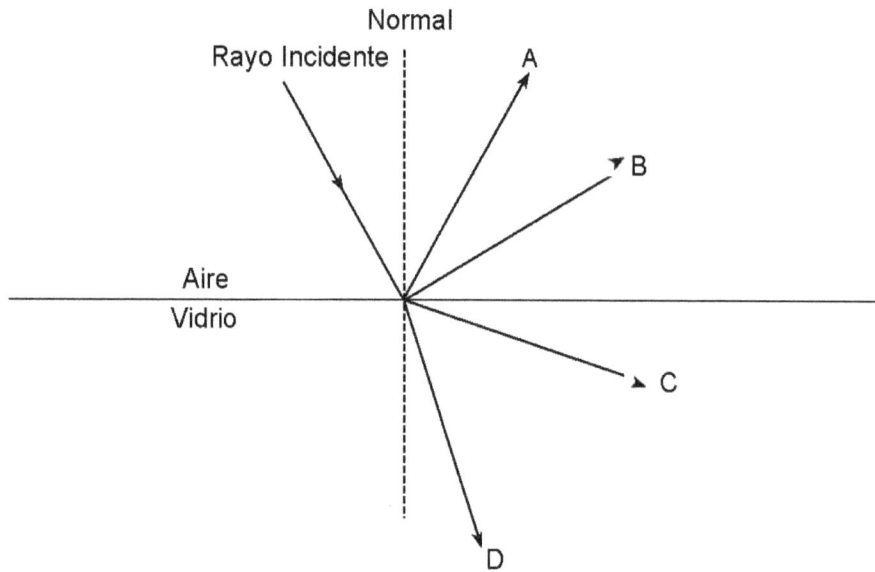

Normal

Rayo Incidente

A

B

Aire

Vidrio

C

D

¿Cuál rayo mejor representa el camino del rayo de luz reflejado?

(1) A (3) C

(2) B (4) D

35 Dos pulsos se acercan el uno al otro en el mismo medio. El siguiente diagrama representa los desplazamientos causados por cada pulso.

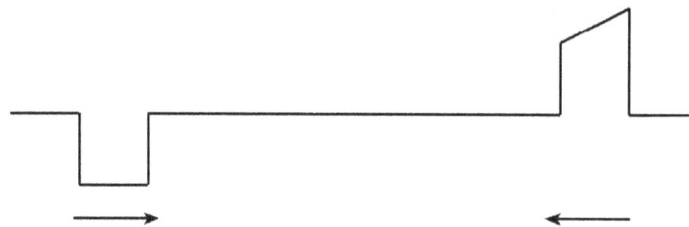

¿Qué diagrama mejor representa el desplazamiento resultante del medio mientras los pulsos pasan a través del otro?

(1)

(3)

(2)

(4)

Responda todas las preguntas en esta parte.

Direcciones (36–50): Para *cada* declaración o pregunta, escoja la palabra o expresión que, de las dadas, mejor complete la declaración o responda la pregunta. Algunas preguntas quizás requieran el uso de la *Edición 2006 de las Tablas de Referencia para Entornos Físicos/Física*. Registre sus respuestas en su hoja separada de respuestas.

36 El diámetro de un caucho de un automóvil está más cerca a

(1) 10^{-2} m   (3) 10^{1} m
(2) 10^{0} m   (4) 10^{2} m

37 El siguiente diagrama de vector representa la velocidad de un carro viajando 24 metros por segundo 35° al este del norte.

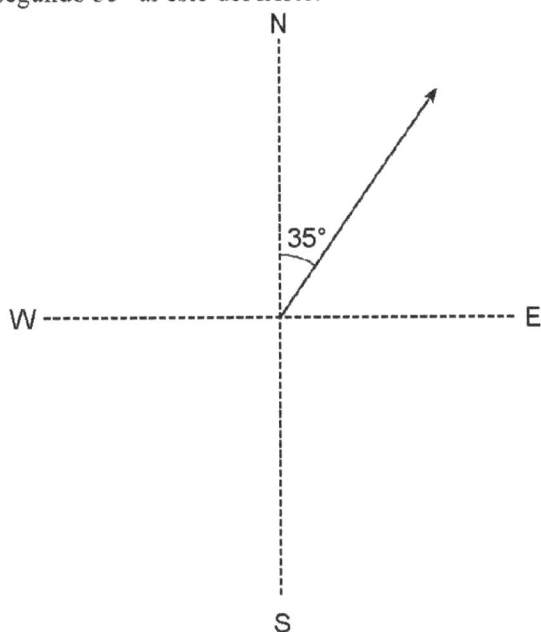

¿Cuál es la magnitud del componente de la velocidad del carro que está dirigido hacia el este?

(1) 14 m/s   (3) 29 m/s
(2) 20. m/s   (4) 42 m/s

38 Sin la resistencia del aire, una bola que fue pateada alcanzaría una altura máxima de 6.7 metros y caería después de 38 metros. Con la resistencia del aire, la bola viajaría

(1) 6.7 m verticalmente y más de 38 m horizontalmente
(2) 38 m horizontalmente y menos de 6.7 m verticalmente
(3) más de 6.7 m verticalmente y menos de 38 m horizontalmente
(4) menos de 38 m horizontalmente y menos de 6.7 m verticalmente

39 Un carro se está moviendo con una rapidez constante de 20 metros por segundo. ¿Cuál es la distancia total que el carro viaja en 2.0 minutos?

(1) 10. m   (3) 1200 m
(2) 40. m   (4) 2400 m

40 Un carro, inicialmente viajando a 15 metros por segundo al norte, acelera a 25 metros por segundo al norte en 4.0 segundos. La magnitud de la aceleración promedio es

(1) 2.5 m/s^2 (3) 10. m/s^2
(2) 6.3 m/s^2 (4) 20. m/s^2

41 Un objeto está en equilibrio. ¿Qué diagrama de vector de fuerza podría representar la fuerza(s) actuando en el objeto?

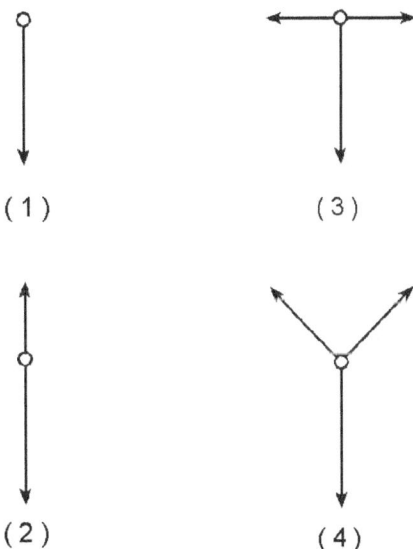

42 ¿Qué combinación de unidades fundamentales puede ser usada para expresar la cantidad de trabajo hecho en un objeto?

(1) kg•m/s   (3) kg•m^2/s^2
(2) kg•m/s^2 (4) kg•m^2/s^3

43 ¿Cuál grafica mejor representa la relación entre la energía potencial acumulada en un resorte y el cambio en la longitud del resorte desde su posición de equilibrio?

Cambio en Longitud

(1)

Cambio en Longitud

(3)

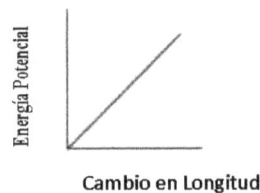

Cambio en Longitud

(2)

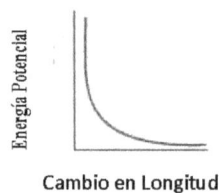

Cambio en Longitud

(4)

44 Un motor eléctrico tiene una capacidad nominal de $4.0 \cdot 10^2$ vatios. ¿Cuánto tiempo le tomará a este motor levantar una masa de 50.-kilogramo una distancia de 8 metros? [Asuma 100% eficiencia.]

(1) 0.98 s   (3) 98 s
(2) 9.8 s   (4) 980 s

45 Un resorte comprimido en un juguete es usado para lanzar una bola de 5.00-gramo. Si la bola deja el juguete con una velocidad inicial horizontal de 5.00 metros por segundo, la mínima cantidad de energía potencial guardada en el resorte comprimido era

(1) 0.0125 J   (3) 0.0625 J
(2) 0.0250 J   (4) 0.125 J

46 Un rayo de luz amarilla (f=$5.09 \cdot 10^{14}$ Hz) viaja a una velocidad de $2.04 \cdot 10^8$ metros por segundo en

(1) alcohol etílico   (3) Lucite
(2) agua   (4) glicerol

47 Un fotón de luz azul   tiene una longitud de onda de $4.80 \cdot 10^{-7}$ metro. ¿Cuál es la energía del fotón?

(1) $1.86 \cdot 10^{22}$ J   (3) $4.14 \cdot 10^{-19}$ J
(2) $1.44 \cdot 10^2$ J   (4) $3.18 \cdot 10^{-26}$ J

48 La siguiente gráfica representa la relación entre la fuerza ejercida en un elevador y la distancia que el elevador es levantado.

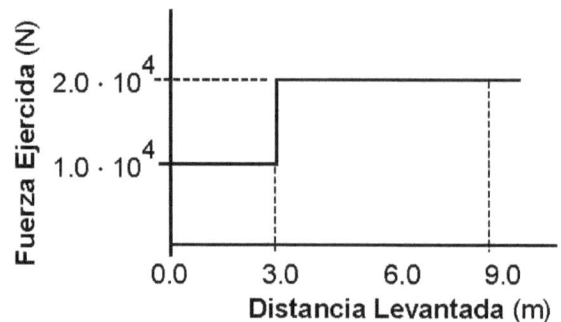

¿Cuánto trabajo total es hecho por la fuerza al levantar el elevador desde 0.0 m hasta 9.0 m?

(1) $9.0 \cdot 10^4$ J   (3) $1.5 \cdot 10^5$ J
(2) $1.2 \cdot 10^5$ J   (4) $1.8 \cdot 10^5$ J

49 El siguiente diagrama muestra las ondas A y B en el mismo medio.

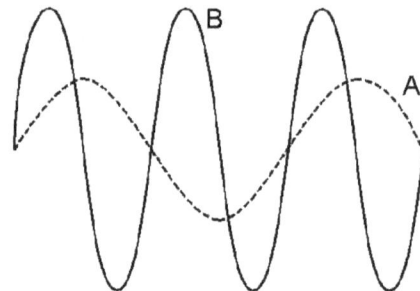

Comparado con la onda A, la onda B tiene

(1) el doble de amplitud y el doble de longitud de onda
(2) el doble de amplitud y la mitad de longitud de onda
(3) la misma amplitud y la mitad de longitud de onda
(4) la mitad de amplitud y la misma longitud de onda

50 ¿Cuál es la composición quark de un protón?

(1) uud   (3) csb
(2) udd   (4) uds

Parte B–2

Responda todas las preguntas en esta parte.

Direcciones (51–65): Registre sus respuestas en los espacios previstos en su folleto de respuestas. Algunas preguntas quizás requieran el uso de la *Edición 2006 de las Tablas de Referencia para Entornos Físicos/Física*.

51–52 Calcule la salida mínima de potencia de un motor eléctrico que levanta un $1.30 \cdot 10^4$-newton carro elevador verticalmente hacia arriba a una velocidad constante de 1.50 metros por segundo. [Muestre todo el trabajo, incluyendo la ecuación y sustitución con unidades.] [2]

53–54 Un horno microondas emite una microonda con una longitud de onda de $2.00 \cdot 10^{-2}$ metro en el aire. Calcule la frecuencia de la microonda. [Muestre todo el trabajo, incluyendo la ecuación y sustitución con unidades.] [2]

55–56 Calcule la energía equivalente en joules de la masa de un protón. [Muestre todo el trabajo, incluyendo la ecuación y sustitución con unidades.] [2]

Base sus respuestas a las preguntas de la 57 a la 59 en la siguiente información y diagrama así como su conocimiento de física.

Un carro de A $1.5 \cdot 10^3$-kilogramos es manejado a una velocidad constante de 12 metros por segundo contrario a las agujas del reloj alrededor de una pista circular horizontal que tiene un radio de 50 metros como se representa abajo.

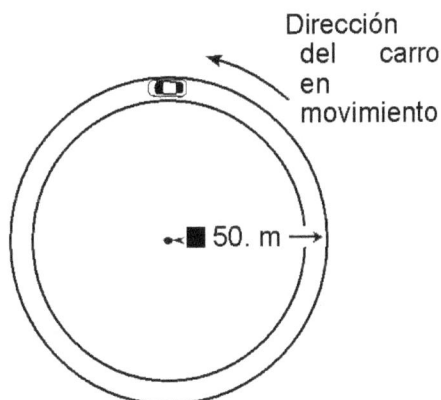

Pista, Vista desde Arriba

57 En el diagrama *en su folleto de respuestas,* dibuje una flecha que indique la dirección de la velocidad del carro cuando está en la posición mostrada. Comience la flecha en el carro. [1]

58–59 Calcule la magnitud de la aceleración centrípeta del carro. [Muestre todo el trabajo, incluyendo la ecuación y sustitución con unidades.] [2]

Base sus respuestas a las preguntas de la 60 a la 62 en la siguiente información y su conocimiento de física.

Un balón de futbol es lanzado a un ángulo de 30° por encima de la horizontal. La magnitud de la componente horizontal de la velocidad inicial del balón es 13.0 metros por segundo. La magnitud de la componente vertical de la velocidad inicial del balón es 7.5 metros por segundo. [Omita fricción.]

60 En los ejes *en su folleto de respuestas,* dibuje una gráfica representando la relación entre el desplazamiento horizontal del balón y el tiempo que el balón está en el aire. [1]

61–62 El balón es atrapado a la misma altura a la que fue lanzado. Calcule el tiempo total que el balón estuvo en el aire. [Muestre todo el trabajo, incluyendo la ecuación y sustitución con unidades.] [2]

Base sus respuestas a las preguntas de la 63 a la 65 en la siguiente información y diagrama así como su conocimiento de física.

Un rayo de luz ($f = 5.09 \cdot 10^{14}$ Hz) viajando a través de un bloque de material desconocido, pasa a un ángulo de incidencia de 30° en el aire, como se muestra en el siguiente diagrama.

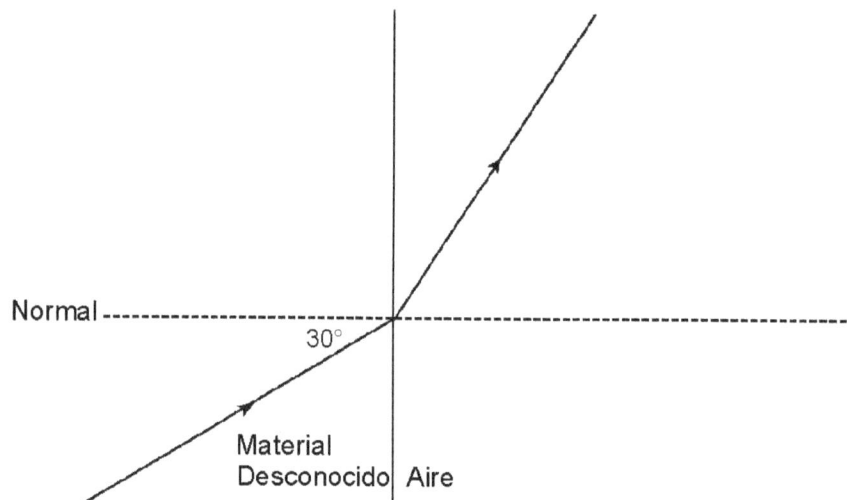

63 Use un transportador para determinar el ángulo de refracción del rayo de luz mientras pasa del material desconocido al aire. [1]

64–65 Calcule el índice de refracción del material desconocido. [Muestre todo el trabajo, incluyendo la ecuación y sustitución con unidades.] [2]

Parte C

Responda todas las preguntas en esta parte.

Direcciones (66–85): Registre sus respuestas en los espacios previstos en su folleto de respuestas. Algunas preguntas quizás requieran el uso de la *Edición 2006 de las Tablas de Referencia para Entornos Físicos/Física.*

Base sus respuestas a las preguntas de la 66 a la 70 en la siguiente información y su conocimiento de física.

El siguiente diagrama representa una fuerza de 4.0-newton aplicada a un bloque de cobre de 0.200-kilogramo que se desliza a la derecha en una tabla de acero horizontal.

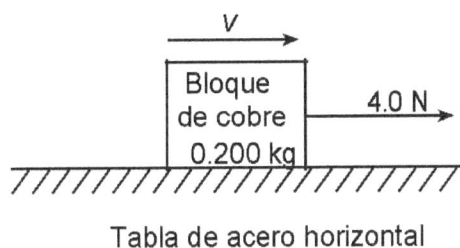

Tabla de acero horizontal

66 Determine el peso del bloque. [1]

67–68 Calcule la magnitud de la fuerza de fricción actuando en el bloque en movimiento. [Muestre todo el trabajo, incluyendo la ecuación y sustitución con unidades.] [2]

69 Determine la magnitud de la fuerza neta actuando en el bloque en movimiento. [1]

70 Describa que pasa con la magnitud de la velocidad del bloque mientras el bloque se desliza a lo largo de la tabla. [1]

Base sus respuestas a las preguntas de la 71 a la 75 en la siguiente información y el siguiente diagrama así como su conocimiento de física.

Dos placas conductoras paralelas de $5.0 \cdot 10^{-3}$ metro de separación están cargadas con un diferencia potencial de 12-voltio. Un electrón está ubicado a medio camino entre las placas. La magnitud de la fuerza electroestática en el electrón es $3.8 \cdot 10^{-16}$ newton.

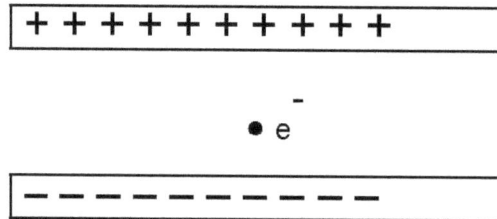

```
+ + + + + + + + +

            -
        • e
- - - - - - - - -
```

71 En el diagrama *en su folleto de respuestas*, dibuje *al menos tres* líneas de campo para representar la dirección del campo eléctrico en el espacio entre las placas cargadas. [1]

72 Identifique la dirección de la fuerza electroestática que el campo eléctrico ejerce en el electrón. [1]

73–74 Calcule la magnitud de la fuerza del campo eléctrico entre las placas, en newtons por coulomb. [Muestre todo el trabajo, incluyendo la ecuación y sustitución con unidades.] [2]

75 Describa que le pasa a la magnitud de la fuerza electroestática neta en el electrón mientras que el electrón se mueve hacia la placa positiva. [1]

Base sus respuestas a las preguntas de la 76 a la 80 en la siguiente información y su conocimiento de física.

Un electrón en un átomo de mercurio cambia de un nivel de energía *b* a un nivel de energía superior cuando el átomo absorbe un solo fotón con una energía de 3.06 electronvoltios.

76 Determine la letra que identifica el nivel de energía al cual el electrón saltó cuando el átomo de mercurio absorbió el fotón. [1]

77 Determine la energía del fotón, en joules. [1]

78–79 Calcule la frecuencia del fotón. [Muestre todo el trabajo, incluyendo la ecuación y sustitución con unidades.] [2]

80 Clasifique el fotón como uno de los tipos de radiación electromagnética listados en el espectro electromagnético. [1]

Base sus respuestas a las preguntas de la 81 a la 85 en la siguiente información y el diagrama de circuito así como su conocimiento de física.

Tres lámparas están conectadas en paralelo a una fuente de diferencia potencial de 120.-voltio, como se representa.

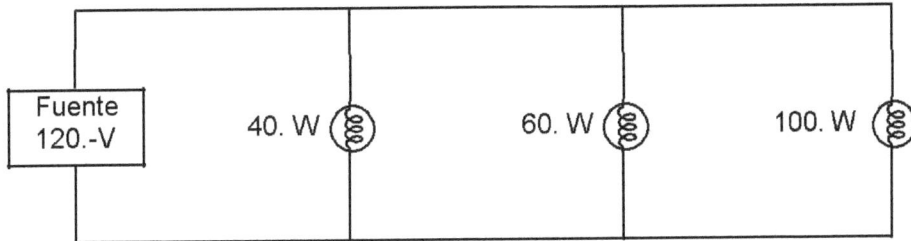

81–82 Calcule la resistencia de la lámpara de 40.-vatios. [Muestre todo el trabajo, incluyendo la ecuación y sustitución con unidades.] [2]

83 Describa que cambio, de haberlo, ocurriría en la potencia disipada por la lámpara de 100.-vatios si la lámpara de 60.-vatios se quemara. [1]

84 Describa que cambio, de haberlo, ocurriría a la resistencia equivalente del circuito si la lámpara de 60.-vatios se quemara. [1]

85 El circuito se desarma. Las mismas tres lámparas están conectadas en series las unas a las otras y a la fuente. Compare la resistencia equivalente de este circuito en serie con la resistencia equivalente del circuito paralelo. [1]

Tablas de Referencia para Entornos Físicos/FÍSICA
Edición de 2006

Lista de Constantes Físicas

Nombre	Símbolo	Valor
Constante gravitacional universal	G	6.67×10^{-11} N·m²/kg²
Aceleración debido a la gravedad	g	9.81 m/s²
Velocidad de la luz en el vacío	c	3.00×10^{8} m/s
Velocidad del sonido en el aire a STP		3.31×10^{2} m/s
Masa de la Tierra		5.98×10^{24} kg
Masa de la Luna		7.35×10^{22} kg
Radio promedio de la Tierra		6.37×10^{6} m
Radio promedio de la Luna		1.74×10^{6} m
Distancia promedio—Tierra a la Luna		3.84×10^{8} m
Distancia promedio—Tierra al Sol		1.50×10^{11} m
Constante electroestática	k	8.99×10^{9} N·m²/C²
1 carga eléctrica	e	1.60×10^{-19} C
1 coulomb (C)		6.25×10^{18} cargas eléctricas
1 electronvoltio (eV)		1.60×10^{-19} J
Constante de Planck	h	6.63×10^{-34} J·s
1 unidad de masa universal (u)		9.31×10^{2} MeV
Masa en reposo del electrón	m_e	9.11×10^{-31} kg
Masa en reposo del protón	m_p	1.67×10^{-27} kg
Masa en reposo del neutrón	m_n	1.67×10^{-27} kg

Prefijos para Potencias de 10

Prefijo	Símbolo	Notación
tera	T	10^{12}
giga	G	10^{9}
mega	M	10^{6}
kilo	k	10^{3}
deci	d	10^{-1}
centi	c	10^{-2}
mili	m	10^{-3}
micro	α	10^{-6}
nano	n	10^{-9}
pico	p	10^{-12}

Coeficientes de Fricción Aproximados

	Cinética	Estática
Goma en concreto (seco)	0.68	0.90
Goma en concreto (mojado)	0.58	
Goma en asfalto (seco)	0.67	0.85
Goma en asfalto (mojado)	0.53	
Goma en hielo	0.15	
Esquíes encerados en nieve	0.05	0.14
Madera con madera	0.30	0.42
Acero con acero	0.57	0.74
Cobre en acero	0.36	0.53
Teflón en Teflón	0.04	

El Espectro Electromagnético

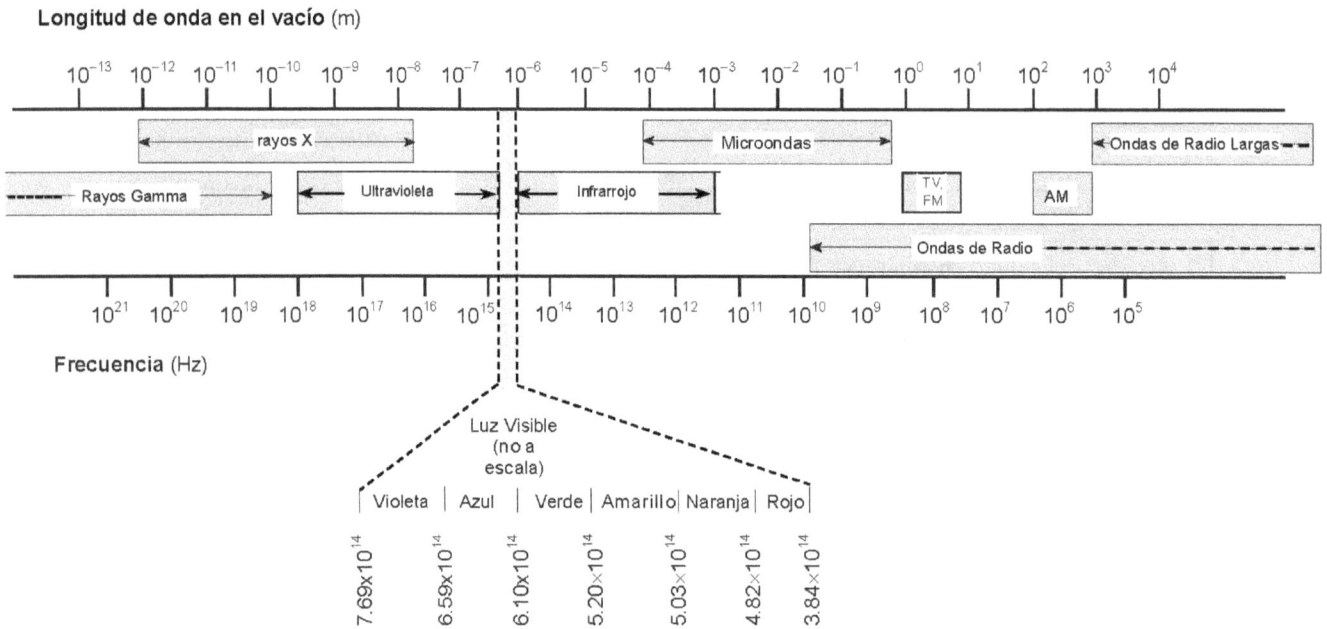

Longitud de onda en el vacío (m)

10^{-13} 10^{-12} 10^{-11} 10^{-10} 10^{-9} 10^{-8} 10^{-7} 10^{-6} 10^{-5} 10^{-4} 10^{-3} 10^{-2} 10^{-1} 10^{0} 10^{1} 10^{2} 10^{3} 10^{4}

rayos X

Microondas

Ondas de Radio Largas

Rayos Gamma

Ultravioleta

Infrarrojo

TV, FM

AM

Ondas de Radio

10^{21} 10^{20} 10^{19} 10^{18} 10^{17} 10^{16} 10^{15} 10^{14} 10^{13} 10^{12} 10^{11} 10^{10} 10^{9} 10^{8} 10^{7} 10^{6} 10^{5}

Frecuencia (Hz)

Luz Visible
(no a escala)

| Violeta | Azul | Verde | Amarillo | Naranja | Rojo |

7.69×10^{14} 6.59×10^{14} 6.10×10^{14} 5.20×10^{14} 5.03×10^{14} 4.82×10^{14} 3.84×10^{14}

Índices Absolutos de Refracción $(f = 5.09 \times 10^{14}$ Hz$)$
Aire   1.00
Aceite de Maíz   1.47
Diamante   2.42
Alcohol Etílico   1.36
Vidrio, corona   1.52
Vidrio, piedra   1.66
Glicerol   1.47
Lucite   1.50
Cuarzo, fusionado   1.46
Cloruro de Sodio   1.54
Agua   1.33
Circón   1.92

Diagramas de Niveles de Energía

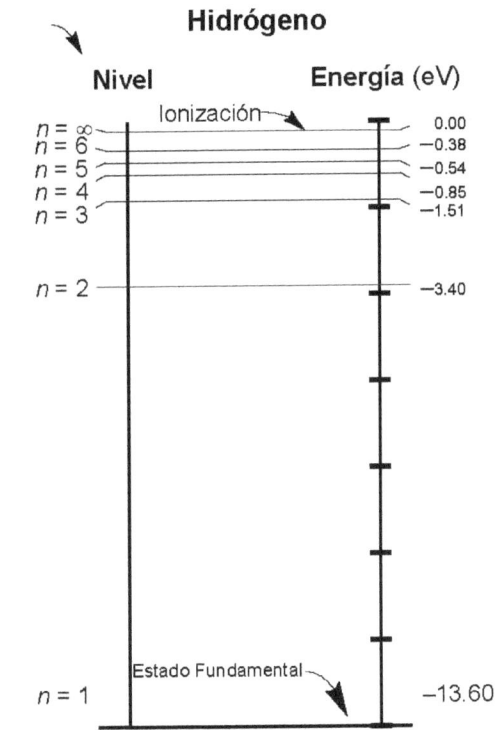

Hidrógeno

Nivel　　　　**Energía (eV)**

Ionización

Nivel	Energía (eV)
$n = \infty$	0.00
$n = 6$	−0.38
$n = 5$	−0.54
$n = 4$	−0.85
$n = 3$	−1.51
$n = 2$	−3.40

Estado Fundamental

$n = 1$　　　　−13.60

Niveles de Energía para el Átomo de Hidrógeno

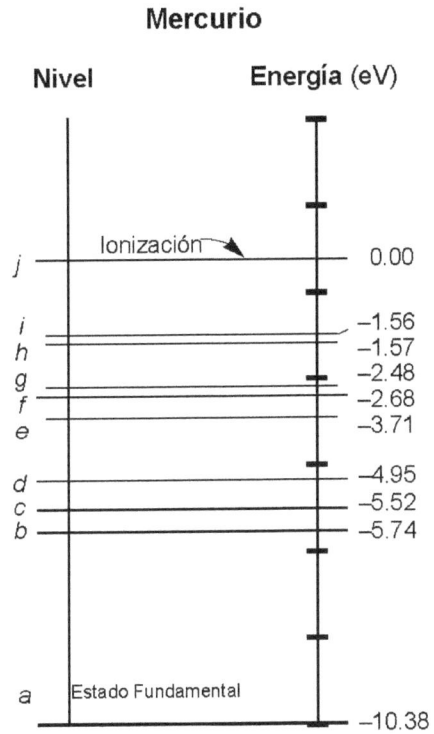

Mercurio

Nivel　　　　**Energía (eV)**

Ionización

Nivel	Energía (eV)
j	0.00
i	−1.56
h	−1.57
g	−2.48
f	−2.68
e	−3.71
d	−4.95
c	−5.52
b	−5.74

a　Estado Fundamental

−10.38

Unos pocos Niveles de Energía para el Átomo de Mercurio

Clasificación de la Materia

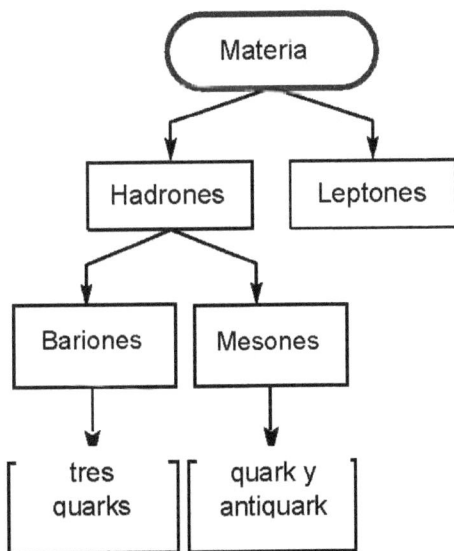

Materia
- Hadrones
  - Bariones → tres quarks
  - Mesones → quark y antiquark
- Leptones

Partículas del Modelo Estándar

Quarks

	arriba	encanto	cima
Nombre			
Símbolo	u	c	t
Carga	$+\frac{2}{3}e$	$+\frac{2}{3}e$	$+\frac{2}{3}e$

abajo	extraño	fondo
d	s	b
$-\frac{1}{3}e$	$-\frac{1}{3}e$	$-\frac{1}{3}e$

Leptones

electrón	muon	tau
e	μ	τ
−1e	−1e	−1e

neutrino electrónico	neutrino muónico	neutrino tauónico
v_e	V_μ	V_τ
0	0	0

Nota: Para cada partícula, hay una antipartícula correspondiente con una carga opuesta a su partícula aso

Tablas de Referencia para Entornos Física/Física Edición 2006

Electricidad

$$F_e = \frac{kq_1 q_2}{r^2}$$

$$E = \frac{F_e}{q}$$

$$V = \frac{W}{q}$$

$$I = \frac{\Delta q}{t}$$

$$R = \frac{V}{I}$$

$$R = \frac{\rho L}{A}$$

$$P = VI = I^2 R = \frac{V^2}{R}$$

$$W = Pt = VIt = I^2 Rt = \frac{V^2 t}{R}$$

A = área transversal

E = campo de fuerza eléctrico

F_e = fuerza electroestática

I = corriente

k = constante electroestática

L = longitud del conductor

P = potencia eléctrica

q = carga

R = resistencia

R_{eq} = resistencia equivalente

r = distancia entre centros

t = tiempo

V = diferencia potencial

W = trabajo (energía eléctrica)

Δ = cambio

ρ = resistividad

Circuitos en Series

$$I = I_1 = I_2 = I_3 = \ldots$$

$$V = V_1 + V_2 + V_3 + \ldots$$

$$R_{eq} = R_1 + R_2 + R_3 + \ldots$$

Circuitos Paralelos

$$I = I_1 + I_2 + I_3 + \ldots$$

$$V = V_1 = V_2 = V_3 = \ldots$$

$$\frac{1}{R_{eq}} = \frac{1}{R_1} + \frac{1}{R_2} + \frac{1}{R_3} + \ldots$$

Símbolos de Circuitos

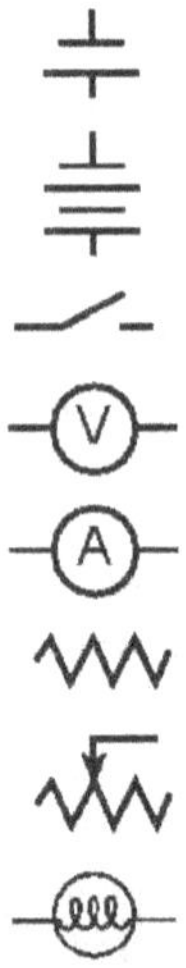

celda

batería

suiche

voltímetro

amperímetro

resistor

resistor variable

lámpara

Resistividades at 20°C	
Material	**Resistividad ($\Omega \cdot$ m)**
Aluminio	2.82×10^{-8}
Cobre	1.72×10^{-8}
Oro	2.44×10^{-8}
Nicromo	$150. \times 10^{-8}$
Plata	1.59×10^{-8}
Tungsteno	5.60×10^{-8}

Ondas

$$v = f\lambda$$

$$T = \frac{1}{f}$$

$$\theta_i = \theta_r$$

$$n = \frac{c}{v}$$

$$n_1 \sin \theta_1 = n_2 \sin \theta_2$$

$$\frac{n_2}{n_1} = \frac{v_1}{v_2} = \frac{\lambda_1}{\lambda_2}$$

c = velocidad de la luz en el vacío

f = frecuencia

n = índice absoluto de refracción

T = período

v = velocidad o rapidez

λ = longitud de onda

θ = ángulo

θ_i = ángulo de incidencia

θ_r = ángulo of reflexión

Física Moderna

$$E_{fotón} = hf = \frac{hc}{\lambda}$$

$$E_{fotón} = E_i - E_f$$

$$E = mc^2$$

c = velocidad de la luz en el vacío

E = energía

f = frecuencia

h = constante de Planck

m = masa

λ = longitud de onda

Geometría y Trigonometría

Rectángulo

$$A = bh$$

Triangulo

$$A = \frac{1}{2}bh$$

Circulo

$$A = \pi r^2$$
$$C = 2\pi r$$

Triangulo Recto

$$c^2 = a^2 + b^2$$

$$\sin \theta = \frac{a}{c}$$

$$\cos \theta = \frac{b}{c}$$

$$\tan \theta = \frac{a}{b}$$

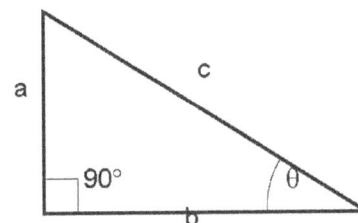

A = área

b = base

C = circunferencia

h = altura

r = radio

Mecánica

$$\bar{v} = \frac{d}{t}$$

$$a = \frac{\Delta v}{t}$$

$$v_f = v_i + at$$

$$d = v_i t + \frac{1}{2}at^2$$

$$v_f^2 = v_i^2 + 2ad$$

$$A_y = A \sin$$

$$\theta \; A_x = A \cos \theta$$

$$a = \frac{F_{net}}{m}$$

$$F_f = \alpha F_N$$

$$F_g = \frac{Gm_1 m_2}{r^2}$$

$$g = \frac{F_g}{m}$$

$$p = mv$$

$$P_{antes} = P_{después}$$

$$J = F_{net} t = \Delta p$$

$$F_s = kx$$

$$PE_s = \frac{1}{2}kx^2$$

$$F_c = ma_c$$

$$a_c = \frac{v^2}{r}$$

$$\Delta PE = mg\Delta h$$

$$KE = \frac{1}{2}mv^2$$

$$W = Fd = \Delta E_T$$

$$E_T = PE + KE + Q$$

$$P = \frac{W}{t} = \frac{Fd}{t} = F\bar{v}$$

a = aceleración

a_c = aceleración centrípeta

A = cualquier cantidad de vector

d = desplazamiento o distancia

E_T = energía total

F = fuerza

F_c = fuerza centrípeta

F_f = fuerza de fricción

F_g = peso o fuerza debido a gravedad

F_N = fuerza normal

F_{net} = fuerza neta

F_s = fuerza en un resorte

g = aceleración debido a la gravedad o la fuerza del campo gravitacional

G = constante gravitacional universal

h = altura

J = impulso

k = constante de resorte

KE = energía cinética

m = masa

p = momento

P = potencia

PE = energía potencial

PE_s = energía potencial acumulada en un resorte

Q = energía interna

r = radio o distancia entre centros

t = intervalo de tiempo

v = velocidad o rapidez

$\bar{v}$ = velocidad promedio o rapidez promedio

W = trabajo

x = cambio en la longitud de resorte desde la posición de equilibrio

Δ = cambio

θ = ángulo

α = coeficiente de fricción

www.ingramcontent.com/pod-product-compliance
Lightning Source LLC
Chambersburg PA
CBHW081151090426
42736CB00017B/3266